LES COMPAGNONS
DE JEHU

PAR

ALEXANDRE DUMAS

5

PARIS
ALEXANDRE CADOT, ÉDITEUR
37, rue Serpente.
1857

LES COMPAGNONS DE JEHU

Ouvrages d'Alexandre Dumas.

Le Pasteur d'Ashbourn.	8 vol.
Mes Mémoires.	22 vol.
Olympe de Clèves	9 vol.
Conscience	5 vol.
Un Gilblas en Californie.	2 vol.
Les Drames de la Mer.	2 vol.
Histoire d'une colombe	2 vol.
Ange Pitou (suite au *Collier de la Reine*).	8 vol.
Pauline et Pascal Bruno.	2 vol.
Une vie artiste.	2 vol.
Le Trou de l'Enfer	4 vol.
Dieu dispose (suite au *Trou de l'Enfer*).	6 vol.
La Femme au collier de velours	2 vol.
La Régence	2 vol.
Louis XV.	5 vol.
Louis XVI.	5 vol.
Les Mariages du père Olifus.	5 vol.
Le Collier de la reine.	11 vol.
Les mille et un fantômes	2 vol.
Le Véloce.	4 vol.
Mémoires d'un Médecin et Césarine.	20 vol.
Les Quarante-Cinq.	10 vol.
La comtesse de Salisbury	6 vol.
Tomes 3, 4, 5, complétant la première édition.	3 vol.
Les deux Diane	10 vol.
Le Bâtard de Mauléon	9 vol.
Le Chevalier de Maison Rouge	6 vol.
Une Fille du Régent	4 vol.
La Comtesse de Charny.	19 vol.
Catherine Blum	2 vol.
Les Mohicans de Paris	19 vol.
Ingénue	7 vol.
Page (le) du duc de Savoie.	8 vol.
El Saltéador.	3 vol.
Vie et aventures de la princesse de Monaco.	6 vol.
Souvenirs de 1830 à 1842	8 vol.
Grands Hommes (les) en robe de chambre	
1° RICHELIEU.	5 vol.
2° HENRI IV.	2 vol.
3° CÉSAR.	7 vol.
Salvator le Commissionnaire	6 vol.
Journal de madame Giovanni	4 vol.
Madame du Deffand.	2 vol.
La Mecque et Médine	6 vol.
Le Lièvre de mon grand-père.	1 vol.
Meneur (le) de loups.	5 vol.
Compagnons (les) de Jéhu	7 vol.

Fontainebleau, Imp. de E. Jacquin.

LES COMPAGNONS
DE JEHU

PAR

ALEXANDRE DUMAS

5

PARIS
ALEXANDRE CADOT ÉDITEUR,
37, rue Serpente.
1857

QUATRIÈME PARTIE

(SUITE)

X

La diplomatie de Georges Cadoudal.

Le sentiment qu'éprouvait Roland en suivant Georges Cadoudal ressemblait à celui d'un homme à moitié éveillé qui se sent sous l'empire d'un rêve, et qui se rapproche peu à peu des limites qui séparent pour lui la nuit du jour : il cherche à se rendre compte s'il marche sur le terrain de la fiction ou sur celui de la réalité, et plus il creuse les ténèbres de son cerveau, plus il enfonce dans le doute.

Un homme existait pour lequel Roland avait un culte presque divin ; accoutumé de vivre dans l'atmosphère glorieuse qui enveloppait cet homme, habitué à voir les autres obéir à ses commandements et à y obéir lui-même avec une promptitude et une abnégation presque orientales, il lui semblait étonnant de rencontrer aux deux extrémités de la France deux pouvoirs organisés, ennemis du pouvoir de cet homme, et prêts à lutter contre ce pouvoir. Supposez un de ces Juifs de Judas

Macchabée, adorateur de Jéhova, l'ayant, depuis son enfance, entendu appeler le Roi des rois, le Dieu fort, le Dieu vengeur, le Dieu des armées, l'Éternel, enfin, et se heurtant tout à coup au mystérieux Osiris des Égyptiens ou au foudroyant Jupiter des Grecs.

Ses aventures à Avignon et à Bourg avec Morgan et les compagnons de Jehu, ses aventures au bourg de Muzillac et au village de la Trinité avec Cadoudal et les chouans, lui semblaient une initiation étrange à quelque religion inconnue ; mais, comme ces néophytes courageux qui risquent la mort pour connaître le secret de l'initiation, il était résolu d'aller jusqu'au bout.

D'ailleurs, il n'était pas sans une certaine admiration pour ces caractères exceptionnels ; ce n'était pas sans étonnement qu'il mesurait ces Titans révoltés, qui luttaient contre son Dieu, et il sentait bien que ce n'étaient point des hommes vulgaires, ceux-là qui poignardaient sir John à la Chartreuse de Seillon, et qui fusillaient l'évêque de Vannes au village de la Trinité.

Maintenant, qu'allait-il voir encore? C'est ce qu'il ne tarderait pas à savoir; on était en marche depuis cinq heures et demie, et le jour approchait.

Au-dessus du village de Tridon, on avait pris à travers champ; puis, laissant

Vannes à gauche, on avait gagné Tréfléon.
A Tréfléon, Cadoudal, toujours suivi de
son major général Branche-d'Or, avait
retrouvé Monte-à-l'Assaut et Chante-en-
iver, leur avait donné des ordres, et avait
continué sa route en appuyant à gauche
et en gagnant la lisière du petit bois qui
s'étend de Grandchamp à Larré.

Là, Cadoudal fit halte, imita trois fois
de suite le bouhoulement du hibou, et
au bout d'un instant se trouva entouré de
ses trois cents hommes.

Une lueur grisâtre apparaissait du côté
de Tréfléon et de Saint-Nolf; c'étaient,
non pas les premiers rayons du soleil,
mais les premières lueurs du jour.

Une épaisse vapeur sortait de terre, et empêchait que l'on ne vît à cinquante pas devant soi.

Avant de se hasarder plus loin, Cadoudal semblait attendre des nouvelles.

Tout à coup, on entendit, à cinq cents pas à peu près, éclater le chant du coq.

Cadoudal dressa l'oreille; ses hommes se regardèrent en riant.

Le chant retentit une seconde fois, mais plus rapproché.

— C'est lui, dit Cadoudal : répondez.

Le hurlement d'un chien se fit entendre à trois pas de Roland, imité avec une telle perfection, que le jeune homme, quoique prévenu, chercha des yeux l'animal qui poussait la plainte lugubre.

Presque au même instant, on vit se mouvoir au milieu du brouillard un homme qui s'avançait rapidement, et dont la forme se dessinait au fur et à mesure qu'il avançait.

Le survenant aperçut les deux cavaliers et se dirigea vers eux.

Cadoudal fit quelques pas en avant, tout en mettant un doigt sur sa bouche, pour inviter l'homme à parler bas.

Celui-ci, en conséquence, ne s'arrêta que lorsqu'il fut près du général.

— Eh bien, Fleur-d'Épine, demanda Georges, les tenons-nous ?

— Comme la souris dans la souricière, et pas un ne rentrera à Vannes, si vous le voulez.

— Je ne demande pas mieux. Combien sont-ils ?

— Cent hommes, commandés par le général en personne.

— Combien de chariots ?

— Dix-sept.

— Quand se mettent-ils en marche ?

— Ils doivent être à trois quarts de lieue d'ici.

— Quelle route suivent-ils ?

— Celle de Grandchamp à Vannes.

— De sorte qu'en m'étendant de Meucon à Plescop...

— Vous leur barrez le chemin.

— C'est tout ce qu'il faut.

Cadoudal appela à lui ses quatre lieutenants Chante-en-Hiver, Monte-à-l'Assaut, Fend-l'Air et la Giberne.

Puis, quand ils furent près de lui, il donna à chacun ses hommes.

Chacun fit entendre à son tour le cri de la chouette et disparut avec cinquante hommes.

Le brouillard continuait d'être si épais, que les cinquante hommes formant chacun de ces groupes, en s'éloignant de cent pas, disparaissaient comme des ombres.

Cadoudal restait avec une centaine d'hommes, Branche-d'Or et Fleur-d'É-pine.

Il revint près de Roland.

— Eh bien, général, lui demanda celui-ci, tout va-t-il selon vos désirs?

— Mais, oui, à peu près, colonel, répondit le chouan ; et, dans une demi-heure, vous allez en juger par vous-même.

— Il sera difficile de juger de quelque chose avec ce brouillard-là.

Cadoudal jeta les yeux autour de lui.

— Dans une demi-heure, dit-il, il sera dissipé. Voulez-vous utiliser cette demi-heure en mangeant un morceau et en buvant un coup ?

— Ma foi, dit le jeune homme, j'avoue que la marche m'a creusé.

— Et moi, dit Georges, j'ai l'habitude, avant de me battre, de déjeûner du mieux que je puis.

— Vous allez donc vous battre ?

— Je le crois.

— Contre qui ?

— Mais contre les républicains, et, comme nous avons affaire au général Hatry en personne, je doute qu'il se rende sans faire résistance.

Et les républicains savent-ils qu'ils vont se battre contre vous ?

— Ils ne s'en doutent pas.

— De sorte que c'est une surprise ?

— Pas tout à fait, attendu que le brouillard se lèvera et qu'ils nous verront à ce moment comme nous les verrons eux-mêmes.

Alors, se retournant vers celui qui paraissait chargé du département des vivres :

— Brise-Bleu, demanda Cadoudal, as-tu de quoi nous donner à déjeûner ?

Brise-Bleu fit un signe affirmatif, entra dans le bois et en sortit traînant un âne chargé de deux paniers.

En un instant, un manteau fut étendu sur une butte de terre, et, sur le manteau, un poulet rôti, un morceau de petit salé froid, du pain et des galettes de sarrasin furent étalés.

Cette fois, Brise-Bleu y avait mis du

luxe : il s'était procuré une bouteille de vin et un verre.

Cadoudal montra à Roland la table mise et le repas improvisé.

Roland sauta à bas de son cheval et remit la bride à un chouan.

Cadoudal l'imita.

— Maintenant dit celui-ci en se tournant vers ses hommes, vous avez une demi-heure pour en faire autant que nous ; ceux qui n'auront pas déjeûné dans une demi-heure sont prévenus qu'ils se battront le ventre vide.

L'invitation semblait équivaloir à un

ordre, tant elle fut exécutée avec promptitude et précision. Chacun tira un morceau de pain ou une galette de sarrasin de son sac ou de sa poche, et imita l'exemple de son général, qui avait déjà écartelé le poulet à son profit et à celui de Roland.

Comme il n'y avait qu'un verre, tous deux burent dans le même.

Pendant qu'ils déjeûnaient côte à côte, pareils à deux amis qui font une halte de chasse, le jour se levait, et, comme l'avait prédit Cadoudal, le brouillard devenait de moins en moins intense.

Bientôt on commença d'apercevoir les arbres les plus proches, puis on distingua la ligne du bois s'étendant à droite de

Meucon à Grandchamp, tandis qu'à gauche, la plaine de Plescop, coupée par un ruisseau, allait en s'abaissant jusqu'à Vannes.

On y sentait cette déclivité naturelle à la terre au fur et à mesure qu'elle approche de l'Océan.

Sur la route de Grandchamp à Plescop, on distingua bientôt une ligne de chariots dont la queue se perdait dans le bois.

Cette ligne de chariots était immobile; il était facile de comprendre qu'un obstacle imprévu l'arrêtait dans sa course.

En effet, à un demi-quart de lieue en avant du premier chariot, on pouvait dis-

tinguer les deux cents hommes de Monte-
à-l'Assaut, de Chante-en-Hiver, de Fend-
l'Air et de la Giberne qui barraient le
chemin.

Les républicains, inférieurs en nombre,
— nous avons dit qu'ils n'étaient que cent,
— avaient fait halte, et attendaient l'éva-
poration entière du brouillard pour s'as-
surer du nombre de leurs ennemis et des
gens à qui ils avaient affaire.

Hommes et chariots étaient dans un
triangle dont Cadoudal et ses cent hommes formaient une des extrémités.

A la vue de ce petit nombre d'hommes
enveloppés par des forces triples, à l'as-

pect de cet uniforme dont la couleur avait fait donner le nom de bleus aux républicains, Roland se leva vivement.

Quant à Cadoudal, il resta nonchalamment étendu, achevant son repas.

Des cent hommes qui entouraient le général, pas un ne semblait préoccupé du spectacle qu'il avait sous les yeux ; on eût dit qu'ils attendaient l'ordre de Cadoudal pour y faire attention.

Roland n'eut besoin de jeter qu'un seul coup d'œil sur les républicains pour voir qu'ils étaient perdus.

Cadoudal suivait sur le visage du jeune

homme les divers sentiments qui s'y succédaient.

— Eh bien! lui demanda le chouan après un moment de silence, trouvez-vous mes dispositions bien prises, colonel ?

— Vous pourriez même dire vos précautions, général, répondit Roland avec un sourire railleur.

— N'est-ce point l'habitude du premier consul, demanda Cadoudal, de prendre ses avantages quand il les trouve ?

Roland se mordit les lèvres, et, au lieu de répondre à la question du chef royaliste :

— Général, dit-il, j'ai à vous demander une faveur que vous ne me refuserez pas, je l'espère.

— Laquelle ?

— C'est la permission d'aller me faire tuer avec mes compagnons.

Cadoudal se leva.

— Je m'attendais à cette demande, dit-il.

— Alors vous me l'accordez, dit Roland, dont les yeux étincelaient de joie.

— Oui ; mais j'ai auparavant un service à réclamer de vous, dit le chef royaliste avec une suprême dignité.

— Dites, monsieur.

— C'est d'être mon parlementaire près du général Hatry.

— Dans quel but?

— J'ai plusieurs propositions à lui faire avant de commencer le combat.

— Je présume que, parmi ces propositions dont vous voulez me faire l'honneur de me charger, vous ne comptez pas celle de mettre bas les armes?

— Vous comprenez, au contraire, colonel, que celle-là vient en tête des autres.

— Le général Hatry refusera.

— C'est probable.

— Et alors?

— Alors, je lui laisserai le choix entre deux autres propositions qu'il pourra accepter, je crois, sans forfaire à l'honneur.

— Lesquelles?

— Je vous les dirai en temps et lieu; commencez par la première.

— Formulez-la.

— Voici. Le général Hatry et ses cent hommes sont entourés par des forces triples : je leur offre la vie sauve; mais ils déposeront leurs armes, et feront serment de ne pas servir à nouveau, de cinq ans, dans la Vendée.

Roland secoua la tête.

— Cela vaudrait mieux cependant que de faire écraser ses hommes ?

— Soit ; mais il aimera mieux les faire écraser et se faire écraser avec eux.

— Ne croyez-vous point, en tout cas, dit en riant Cadoudal, qu'il serait bon, avant tout, de le lui demander ?

— C'est juste, dit Roland.

— Eh bien ! colonel, ayez la bonté de monter à cheval, de vous faire reconnaître par le général et de lui transmettre ma proposition.

— Soit, dit Roland.

— Le cheval du colonel, dit Cadoudal en faisant signe au chouan qui le gardait.

On amena le cheval à Roland.

Le jeune homme sauta dessus, et on le vit traverser rapidement l'espace qui le séparait du convoi arrêté.

Un groupe s'était formé sur les flancs de ce convoi : il était évident qu'il se composait du général Hatry et de ses officiers.

Roland se dirigea vers ce groupe, éloigné des chouans de trois portées de fusil à peine.

L'étonnement fut grand de la part du général Hatry, quand il vit venir à lui un officier portant l'uniforme de colonel républicain.

Il sortit du groupe, et fit trois pas au-devant du messager.

Roland se fit reconnaître, raconta comment il se trouvait parmi les blancs, et transmit la proposition de Cadoudal au général Hatry.

Comme l'avait prévu le jeune homme, celui-ci refusa.

Roland revint vers Cadoudal, le cœur joyeux et fier.

— Il refuse! cria-t-il d'aussi loin que sa voix put se faire entendre.

Cadoudal fit un signe de tête annonçant qu'il n'était aucunement étonné de ce refus

— Eh bien ! dans ce cas, dit-il, portez-lui ma seconde proposition ; je ne veux avoir rien à me reprocher, ayant à répondre à un juge d'honneur comme vous.

Roland s'inclina.

— Voyons la seconde proposition ? dit-il.

— La voici : le général Hatry viendra

au-devant de moi, dans l'espace qui est libre entre nos deux troupes ; il aura les mêmes armes : c'est-à-dire son sabre et deux pistolets, et la question se décidera entre nous deux ; si je le tue, ses hommes se soumettront aux conditions que j'ai dites, car, des prisonniers, nous n'en pouvons pas faire ; s'il me tue, ses hommes passeront librement et gagneront Vannes sans être inquiétés. Ah ! j'espère que voilà une proposition que vous accepteriez, colonel !

— Aussi, je l'accepte pour moi, dit Roland.

— Oui, fit Cadoudal ; mais vous n'êtes pas le général Hatry ; contentez-vous donc, pour le moment, d'être son parlementaire, et, si cette proposition, qu'à sa place je ne laisserais pas échapper, ne lui agrée pas encore, eh bien, je suis bon prince! vous reviendrez, et je lui en ferai une troisième.

Roland s'éloigna une seconde fois; il était attendu du côté des républicains avec une visible impatience.

Il transmit son message au général Hatry.

— Citoyen, répondit le général, je dois compte de ma conduite au premier consul, vous êtes son aide-de-camp, et c'est vous que je charge, à votre retour à Paris, de témoigner pour moi auprès de lui. Que feriez-vous à ma place? Ce que vous feriez, je le ferai.

Roland tressaillit; sa figure prit l'expression grave de l'homme qui discute avec lui-même une question d'honneur.

Puis, au bout de quelques secondes :

— Général, dit-il, je refuserais.

— Vos raisons, citoyen? demanda le général.

— C'est que les chances d'un duel sont aléatoires; c'est que vous ne pouvez soumettre la destinée de cent braves à ces chances; c'est que, dans une affaire comme celle-ci, où chacun est engagé pour son compte, c'est à chacun à défendre sa peau de son mieux.

— C'est votre avis, colonel?

— Sur mon honneur !

— C'est aussi le mien ; portez ma réponse au général royaliste.

Roland revint au galop vers Cadoudal, et lui transmit la réponse du général Hatry.

Cadoudal sourit.

— Je m'en doutais, dit-il.

— Vous ne pouviez pas vous en douter,

puisque, ce conseil, c'est moi qui le lui ai donné.

— Vous étiez cependant d'un avis contraire, tout à l'heure?

— Oui; mais vous-même m'avez fait observer que je n'étais pas le général Hatry... Voyons donc votre troisième proposition? demanda Roland avec impatience; car il commençait à s'apercevoir, ou plutôt il s'apercevait depuis le commencement, que le général royaliste avait le beau rôle.

— Ma troisième proposition, dit Cadoudal, n'est point une proposition, c'est un ordre; l'ordre que je donne à deux cents de mes hommes de se retirer. Le général Hatry a cent hommes, j'en garde cent;

mes aïeux les Bretons ont été habitués à se battre pied contre pied, poitrine contre poitrine, homme contre homme, et plutôt un contre trois que trois contre un ; si le général Hatry est vainqueur, il passera sur nos corps et rentrera tranquillement à Vannes; s'il est vaincu, il ne dira point qu'il l'a été par le nombre... Allez, monsieur de Montrevel, et restez avec vos amis; je leur donne l'avantage du nombre à leur tour : vous valez dix hommes à vous seul.

Roland leva son chapeau.

— Que faites-vous, monsieur? demanda Cadoudal.

— J'ai l'habitude de saluer tout ce qui

me paraît grand, monsieur, et je vous salue...

— Allons, colonel, dit Cadoudal, un dernier verre de vin ! chacun de nous le boira à ce qu'il aime, à ce qu'il regrette de quitter sur la terre, à ce qu'il espère revoir au ciel.

Puis, prenant la bouteille et le verre unique, il l'emplit à moitié et le présenta à Roland.

— Nous n'avons qu'un verre, monsieur de Montrevel, buvez le premier.

— Pourquoi le premier?

— Parce que, d'abord, vous êtes mon

hôte ; ensuite, parce qu'il y a un proverbe qui dit que quiconque boit après un autre sait sa pensée.

Puis, il ajouta en riant :

— Je veux savoir votre pensée, monsieur de Montrevel.

Roland vida le verre, et rendit le verre vide à Cadoudal.

Cadoudal, comme il l'avait fait pour Roland, l'emplit à moitié, et le vida à son tour.

— Eh bien, maintenant, demanda Roland, savez-vous ma pensée, général ?

— Non, répondit celui-ci, le proverbe est faux.

— Eh bien, dit Roland avec sa franchise habituelle, ma pensée est que vous êtes un brave, général, et je serai honoré qu'au moment de combattre l'un contre l'autre, vous vouliez bien me donner la main.

Les deux jeunes gens se tendirent et se serrèrent la main plutôt comme deux amis qui se quittent pour une longue absence, que comme deux ennemis qui vont se retrouver sur un champ de bataille.

Il y avait une grandeur simple et cependant pleine de majesté dans ce qui venait de se passer.

Chacun d'eux leva son chapeau.

— Bonne chance! dit Roland à Cadoudal; mais permettez-moi de douter que mon souhait se réalise. Je dois vous avouer, il est vrai, que je le fais des lèvres et non du cœur.

— Dieu vous garde, monsieur! dit Cadoudal à Roland, et j'espère que mon souhait, à moi, se réalisera, car il est l'expression complète de ma pensée.

— Quel sera le signal annonçant que vous êtes prêt? demanda Roland.

— Un coup de fusil tiré en l'air, et auquel vous répondrez par un coup de fusil de votre côté.

— C'est bien, général, répondit Roland.

Et, mettant son cheval au galop, il franchit, pour la troisième fois, l'espace qui se trouvait entre le général royaliste et le général républicain.

Alors, étendant la main vers Roland :

— Mes amis, dit Cadoudal, vous voyez ce jeune homme?

Tous les regards se dirigèrent vers Roland, toutes les bouches murmurèrent le mot *oui*.

— Eh bien, il nous est recommandé par nos frères du Midi; que sa vie vous soit sacrée; on peut le prendre, mais vivant et sans qu'il tombe un cheveu de sa tête.

— C'est bien, général, répondirent les chouans.

— Et, maintenant, mes amis, souvenez-vous que vous êtes les fils de ces trente Bretons qui combattirent trente Anglais entre Ploërmel et Josselin, à dix lieues d'ici, et qui furent vainqueurs.

Puis, avec un soupir et à demi-voix :

— Par malheur, ajouta-t-il, nous n'avons point, cette fois, affaire à des Anglais.

Le brouillard s'était dissipé tout à fait, et, comme il arrive presque toujours en ce cas, quelques rayons d'un soleil d'hiver marbraient d'une teinte jaunâtre la plaine de Plescop.

On pouvait donc distinguer tous les mouvements qui se faisaient dans les deux troupes.

En même temps que Roland retournait vers les républicains, Branche-d'Or partait au galop, se dirigeant vers ses deux cents hommes qui leur coupaient la route.

A peine Branche-d'Or eut-il parlé aux quatre lieutenants de Cadoudal, que l'on vit cent hommes se séparer et faire demi-tour à droite, et cent autres hommes, par un mouvement opposé, faire un demi-tour à gauche.

Les deux troupes s'éloignèrent chacune dans sa direction : l'une marchant sur

Plumergat, l'autre marchant sur Saint-Avé, et laissant la route libre.

Chacune fit halte à un quart de lieue de la route, mit la crosse du fusil à terre et se tint immobile.

Branche-d'Or revint vers Cadoudal.

— Avez-vous des ordres particuliers à me donner, général? dit-il.

— Un seul, répondit Cadoudal; prends huit hommes et suis-moi. Quand tu verras le jeune républicain avec lequel j'ai déjeûné tomber sous son cheval, tu te jetteras sur lui, toi et les huit hommes, avant qu'il ait eu le temps de se dégager, et tu le feras prisonnier.

— Oui, général.

— Tu sais que je veux le retrouver sain et sauf.

— C'est convenu, général.

— Choisis tes huit hommes; M. de Montrevel prisonnier et sa parole donnée, vous pouvez agir à votre volonté.

— Et s'il ne veut pas donner sa parole?

— Vous l'envelopperez de manière à ce qu'il ne puisse fuir, et vous le garderez jusqu'à la fin du combat.

— Soit! dit Branche-d'Or en poussant un soupir; seulement, ce sera un peu triste de se tenir les bras croisés tandis que les autres s'égaieront.

— Bah! qui sait? dit Cadoudal, il y en aura probablement pour tout le monde.

Puis, jetant un regard sur la plaine, voyant ses hommes à l'écart, et les républicains massés en bataille :

— Un fusil! dit-il.

On lui apporta un fusil.

Cadoudal le leva au-dessus de sa tête et lâcha le coup en l'air.

Presqu'au même instant, un coup de feu lâché dans les mêmes conditions, au milieu des républicains, répondit comme un écho au coup de Cadoudal.

On entendit deux tambours qui battaient la charge; un clairon les accompagnait.

Cadoudal se dressa sur ses étriers.

— Enfants! demanda-t-il, tout le monde a-t-il fait sa prière du matin?

— Oui! oui! répondit la presque totalité des voix.

Si quelqu'un d'entre vous avait oublié ou n'avait pas eu le temps de la faire, qu'il la fasse.

Cinq ou six paysans se mirent aussitôt à genoux et prièrent.

On entendit les tambours et le clairon qui se rapprochaient.

— Général! général! dirent plusieurs voix avec impatience, vous voyez qu'ils approchent.

Le général montra d'un geste les chouans agenouillés.

— C'est juste, dirent les impatients.

Ceux qui priaient se relevèrent tour à tour, selon que leur prière avait été plus ou moins longue.

Lorsque le dernier fut debout, les républicains avaient déjà franchi à peu près le tiers de la distance.

Ils marchaient, la baïonnette en avant, sur trois rangs, chaque rang ayant trois hommes d'épaisseur.

Roland marchait en tête du premier rang; le général Hatry entre le premier et le second.

Ils étaient tous les deux faciles à reconnaître, étant les seuls qui fussent à cheval.

Parmi les chouans, Cadoudal était le seul cavalier.

Branche-d'Or avait mis pied à terre en

prenant le commandement des huit hommes qui devaient suivre Georges.

— Général, dit une voix, la prière est faite et tout le monde est debout.

Cadoudal s'assura que la chose était vraie.

Puis, d'une voix forte :

— Allons! cria-t-il, égayez-vous, mes gars!

Cette permission, qui, pour les chouans et les Vendéens, équivalait à la charge battue ou sonnée, était à peine donnée, que les chouans se répandirent dans la plaine, aux cris de « Vive le roi! » en agitant leur chapeau d'une main et leur foulard de l'autre.

Seulement, au lieu de rester serrés comme les républicains, ils s'éparpillèrent en tirailleurs, prenant la forme d'un immense croissant dont George et son cheval étaient le centre.

En un instant les républicains furent débordés, et la fusillade commença à pétiller.

Presque tous les hommes de Cadoudal étaient des braconniers, c'est-à-dire d'excellents tireurs armés de carabines anglaises d'une portée double des fusils de munition.

Quoique ceux qui avaient tiré les premiers coups eussent paru être hors de portée, quelques messagers de mort n'en pénétrèrent pas moins dans les rangs des républicains, et trois ou quatre hommes tombèrent.

— En avant! cria le général.

Les soldats continuèrent de marcher à la baïonnette.

Mais, en quelques secondes, ils n'eurent plus rien devant eux.

Les cent hommes de Cadoudal étaient devenus des tirailleurs, et avaient disparu comme troupe.

Cinquante hommes s'étaient répandus sur chaque aile.

Le général Hatry ordonna face à droite et face à gauche.

Puis, on entendit retentir le commandement :

— Feu !

Deux décharges s'accomplirent avec l'ensemble et la régularité d'une troupe parfaitement exercée; mais elles furent presque sans résultat, les républicains tirant sur des hommes isolés.

Il n'en était point ainsi des chouans qui tiraient sur une masse; de leur part, chaque coup portait.

Roland vit le désavantage de la position.

Il regarda tout autour de lui, et, au milieu de la fumée, distingua Cadoudal, debout et immobile comme une statue équestre.

Il comprit que le chef royaliste l'attendait.

Il jeta un cri et piqua droit à lui.

De son côté, pour lui épargner une partie du chemin, Cadoudal mit son cheval au galop.

Mais, à cent pas de Roland, il s'arrêta.

— Attention! dit-il à Branche-d'Or et à ses hommes.

— Soyez tranquille, général; on est là, dit Branche-d'Or.

Cadoudal tira un pistolet de ses fontes et l'arma.

Roland avait mis le sabre à la main et chargeait couché sur le cou de son cheval.

Lorsqu'il ne fut plus qu'à vingt pas de lui, Cadoudal leva lentement la main dans la direction de Roland.

A dix pas, il fit feu.

Le cheval que montait Roland avait une étoile blanche au milieu du front.

La balle frappa au milieu de l'étoile.

Le cheval, mortellement blessé, vint rouler avec son cavalier aux pieds de Cadoudal.

Cadoudal mit les éperons au ventre de sa propre monture, et sauta par-dessus cheval et cavalier.

Branche-d'Or et ses hommes se tenaient prêts. Ils bondirent comme une troupe de jaguars sur Roland, engagé sous le corps de son cheval.

Le jeune homme lâcha son sabre et voulut saisir ses pistolets; mais, avant qu'il eût mis la main à ses fontes, deux hommes s'étaient emparés de chacun de ses bras, tandis que les quatre autres lui tiraient le cheval d'entre les jambes.

La chose s'était faite avec un tel ensemble, qu'il était facile de voir que c'était une manœuvre combinée d'avance.

Roland rugissait de rage.

Branche-d'Or s'approcha de lui et mit le chapeau à la main.

— Je ne me rends pas! cria Roland.

— Il est inutile que vous vous rendiez, monsieur de Montrevel, répondit Branche-d'Or avec la plus grande politesse.

— Et pourquoi cela? demanda Roland

épuisant ses forces dans une lutte aussi désespérée qu'inutile.

— Parce que vous êtes pris, monsieur.

La chose était si parfaitement vraie, qu'il n'y avait rien à répondre.

— Eh bien, alors, tuez-moi! s'écria Roland.

— Nous ne voulons pas vous tuer, monsieur, répliqua Branche-d'Or.

— Alors, que voulez-vous?

— Que vous nous donniez votre parole de ne plus prendre part au combat; à ce prix, nous vous lâchons, et vous êtes libre.

— Jamais! dit Roland.

— Excusez-moi, monsieur de Montrevel, dit Branche-d'Or, mais ce que vous faites là n'est pas loyal.

— Comment! s'écria Roland au comble de la rage, pas loyal? Tu m'insultes, misérable, parce que tu sais que je ne puis ni me défendre, ni te punir.

— Je ne suis pas un misérable et je ne vous insulte pas, monsieur de Montrevel; seulement, je dis qu'en ne donnant pas votre parole, vous privez le général du secours de neuf hommes qui peuvent lui être utiles et qui vont être forcés de rester ici pour vous garder; ce n'est pas comme ça qu'a agi la grosse tête ronde vis-à-vis de vous; il avait deux cents hommes de plus que vous, et il les a renvoyés ; maintenant, nous ne sommes plus que quatre-vingt-onze contre cent.

Une flamme passa sur le visage de Roland ; puis presque aussitôt il devint pâle comme la mort.

— Tu as raison, Branche-d'Or, lui répondit-il, secouru ou non secouru, je me rends; tu peux aller te battre avec tes compagnons.

Les chouans jetèrent un cri de joie, lâchèrent Roland et se précipitèrent vers les républicains en agitant leurs chapeaux et leurs fusils et en criant :

— Vive le roi!

Roland, libre de leur étreinte, mais désarmé matériellement par sa chute, moralement par sa parole, alla s'asseoir sur la petite éminence encore couverte du manteau qui avait servi de nappe pour le déjeûner.

De là, il dominait tout le combat et n'en perdait pas un détail.

Cadoudal était debout sur son cheval au milieu du feu et de la fumée, pareil au démon de la guerre, invulnérable et acharné comme lui.

Çà et là, on voyait les cadavres d'une douzaine de chouans éparpillés sur le sol.

Mais il était évident que les républicains, toujours serrés en masse, avaient déjà perdu plus du double.

Des blessés se traînaient dans l'espace vide, se joignaient, se redressaient comme des serpents brisés et luttaient, les républicains avec leurs baïonnettes et les chouans avec leurs couteaux.

Ceux des chouans blessés qui étaient trop loin pour se battre corps à corps avec des blessés comme eux, rechargeaient leurs fusils, se relevaient sur un genou, faisaient feu et retombaient.

Des deux côtés, la lutte était impitoyable, incessante, acharnée; on sentait que la guerre civile, c'est-à-dire la guerre sans merci, sans pitié, secouait sa torche au-dessus du champ de bataille.

Cadoudal tournait, sur son cheval, tout autour de la redoute vivante, faisait feu à vingt pas, tantôt de ses pistolets, tantôt d'un fusil à deux coups qu'il jetait après l'avoir déchargé et qu'il reprenait tout chargé en repassant.

A chacun de ses coups, un homme tombait.

A la troisième fois qu'il renouvelait cette manœuvre, un feu de peloton l'accueillit; le général Hatry lui faisait les honneurs pour lui tout seul.

Il disparut dans la flamme et dans la

fumée, et Roland le vit s'affaisser, lui et son cheval, comme s'ils eussent été foudroyés tous deux.

Dix ou douze républicains s'élancèrent hors des rangs, contre autant de chouans.

Ce fut une lutte terrible, corps à corps, dans laquelle les chouans, avec leurs couteaux, devaient avoir l'avantage.

Tout à coup, Cadoudal se retrouva debout, un pistolet de chaque main; c'était la mort de deux hommes : deux hommes tombèrent.

Puis, par la brèche de ces dix ou douze hommes, il se précipita avec trente.

Il avait ramassé un fusil de munition, il s'en servait comme d'une massue et à chaque coup abattait un homme.

Il troua le bataillon et reparut de l'autre côté.

Puis, comme un sanglier qui revient sur un chasseur culbuté et qui lui fouille les entrailles, il rentra dans la blessure béante en l'élargissant.

Dès-lors tout fut fini.

Le général Hatry rallia à lui une vingtaine d'hommes, et, la baïonnette en avant, fonça sur le cercle qui l'enveloppait, il marchait à pied à la tête de ses dix soldats; son cheval avait été éventré.

Dix hommes tombèrent avant d'avoir rompu ce cercle.

Le général se trouva de l'autre côté du cercle.

Les chouans voulurent le poursuivre.

Mais Cadoudal, d'une voix de tonnerre :

— Il ne fallait pas le laisser passer, cria-t-il; mais, du moment où il a passé, qu'il se retire librement.

Les chouans obéirent avec la religion qu'ils avaient pour les paroles de leur chef.

— Et maintenant, cria Cadoudal, que

le feu cesse ; plus de morts : des prisonniers.

Les chouans se resserrèrent, enveloppant le monceau de morts et les quelques vivants plus ou moins blessés qui s'agitaient au milieu des cadavres.

Se rendre, c'était encore combattre dans cette guerre où, de part et d'autre, on fusillait les prisonniers : d'un côté, parce qu'on regardait chouans et Vendéens comme des brigands ; de l'autre côté, parce qu'on ne savait où les mettre.

Les républicains jetèrent loin d'eux leurs fusils pour ne pas les rendre.

Lorsqu'on s'approcha d'eux, tous avaient la giberne ouverte.

Ils avaient brûlé jusqu'à leur dernière cartouche.

Cadoudal salua.

Le Titan avait rencontré un Titan, Encelade avait lutté avec Briarée.

Le chef royaliste donna un ordre à Branche-d'Or, qui se faisait nouer par un camarade son mouchoir autour du bras : il avait eu le bras traversé d'une balle.

Aussitôt pansé, Branche-d'Or appela quatre hommes et prit avec eux sa course du côté des chariots.

Cadoudal s'achemina vers Roland.

Pendant toute cette lutte suprême, le

jeune homme était resté assis, et, les yeux fixés sur le combat, les cheveux mouillés de sueur, la poitrine haletante, il avait attendu.

Puis, quand il avait vu venir la fortune contraire, il avait laissé tomber sa tête dans ses mains, et était demeuré le front courbé vers la terre.

Cadoudal arriva jusqu'à lui sans qu'il parût entendre le bruit de ses pas; il lui toucha l'épaule : le jeune homme releva lentement la tête sans essayer de cacher deux larmes qui roulaient sur ses joues.

— Général! dit Roland, disposez de moi, je suis votre prisonnier.

— On ne fait pas prisonnier un ambassadeur du premier consul, répondit Cadoudal en riant, mais on le prie de rendre un service.

— Ordonnez, général !

— Je manque d'ambulance pour les blessés, je manque de prison pour les prisonniers ; chargez-vous de ramener à Vannes les soldats républicains prisonniers ou blessés.

— Comment, général ?... s'écria Roland.

— C'est à vous que je les donne, ou plutôt à vous que je les confie ; je regrette que votre cheval soit mort ; je regrette que le mien ait été tué; mais il vous reste celui de Branche-d'Or, acceptez-le..

Le jeune homme fit un mouvement.

— Jusqu'à ce que vous ayez pu vous en procurer un autre, bien entendu, fit Cadoudal en s'inclinant.

Roland comprit qu'il fallait être, par la simplicité du moins, à la hauteur de celui auquel il avait affaire.

— Vous reverrai-je, général? demanda-t-il en se levant.

— J'en doute, monsieur; mes opérations m'appellent sur la côte de Port-

Louis, votre devoir vous appelle au Luxembourg.

— Que dirai-je au premier consul, général?

— Ce que vous avez vu, monsieur; il jugera entre la diplomatie de l'abbé Bernier et celle de Georges Cadoudal.

— D'après ce que j'ai vu, monsieur, je doute que vous ayez jamais besoin de moi, dit Roland ; mais, en tout cas, souvenez-vous que vous avez un ami près du premier consul.

Et il tendit la main à Cadoudal.

Le chef royaliste la lui prit avec la

même franchise et le même abandon qu'il l'avait fait avant le combat.

— Adieu, monsieur de Montrevel, lui dit-il; je n'ai point à vous recommander, n'est-ce pas, de justifier le général Hatry? Une semblable défaite est aussi glorieuse qu'une victoire.

Pendant ce temps, on avait amené au colonel républicain le cheval de Branche-d'Or.

Il sauta en selle.

—A propos, lui dit Cadoudal, informez-vous un peu, en passant à la Roche-Bernard, de ce qu'est devenu le citoyen Thomas Millière.

— Il est mort, répondit une voix.

Cœur-de-Roi et ses quatre hommes, couverts de sueur et de boue, venaient d'arriver, mais trop tard pour prendre part à la bataille.

Roland promena un dernier regard sur le champ de bataille, poussa un soupir, et, jetant un adieu à Cadoudal, partit au galop, et à travers champ, pour aller attendre sur la route de Vannes la charrette de blessés et de prisonniers qu'il était chargé de reconduire au général Hatry.

Cadoudal avait fait donner un écu de six livres à chaque homme.

Roland ne put s'empêcher de penser que c'était avec l'argent du Directoire, acheminé vers l'Ouest par Morgan et ses compagnons, que le chef royaliste faisait ses libéralités.

XI

Proposition de mariage.

La première visite de Roland, en arrivant à Paris, fut pour le premier consul ; il lui apportait la double nouvelle de la pacification de la Vendée, mais de l'insurrection plus ardente que jamais de la Bretagne.

Bonaparte connaissait Roland : le triple récit de l'assassinat de Thomas Millière, du jugement de l'évêque Andrein et du combat de Grandchamp, produisit donc sur lui une profonde impression ; il y avait, d'ailleurs, dans la narration du jeune homme, une espèce de désespoir sombre auquel on ne pouvait se tromper.

Roland était désespéré d'avoir manqué cette nouvelle occasion de se faire tuer.

Puis il lui paraissait qu'un pouvoir inconnu veillait sur lui, qu'il sortait sain et sauf de dangers où d'autres laissaient leur vie ; où sir Joh avait trouvé douze juges et un jugement à mort, lui n'avait trouvé qu'un fantôme, invulnérable, c'est vrai, mais inoffensif.

Il s'accusa avec amertume d'avoir cherché un combat singulier avec Georges Cadoudal, combat prévu par celui-ci, au lieu de s'être jeté dans la mêlée générale, où, du moins, il eût pu tuer ou être tué.

Le premier consul le regardait avec inquiétude tandis qu'il parlait ; il trouvait persistant dans son cœur ce désir de mort qu'il avait cru voir guérir par le contact de la terre natale, par les embrassements de la famille.

Il s'accusa pour innocenter, pour exalter le général Hatry; mais, juste et impartial comme un soldat, il fit à Cadoudal la part de courage et de générosité que méritait le général royaliste.

Bonaparte l'écouta gravement, presque tristement; autant il était ardent à la guerre étrangère, pleine de rayonnements glorieux, autant il répugnait à cette guerre intestine où le pays verse son propre sang, déchire ses propres entrailles.

C'était dans ce cas qu'il lui paraissait que la négociation devait être substituée à la guerre.

Mais comment négocier avec un homme comme Cadoudal?

Bonaparte n'ignorait point tout ce qu'il y avait en lui de séductions personnelles lorsqu'il voulait y mettre un peu de bonne volonté ; il prit la résolution de voir Cadoudal, et, sans en rien dire à Roland, compta sur lui pour cette entrevue lorsque l'heure en serait arrivée.

En attendant, il voulait savoir si Brune, dans les talents militaires duquel il avait une grande confiance, serait plus heureux que ses prédécesseurs.

Il congédia Roland, après lui avoir annoncé l'arrivée de sa mère et son installation dans la petite maison de la rue de la Victoire.

Roland sauta dans une voiture et se fit conduire à l'hôtel.

Il y trouva madame de Montrevel, heureuse et fière autant que puisse l'être une femme et une mère.

Edouard était installé de la veille au Prytanée français.

Madame de Montrevel s'apprêtait à quitter Paris pour retourner auprès d'Amélie, dont la santé continuait de lui donner des inquiétudes.

Quant à sir John, il était non-seulement hors de danger, mais à peu près guéri; il était à Paris, était venu pour faire une visite à madame de Montrevel, l'avait trouvée sortie pour conduire Édouard au Prytanée, et avait laissé sa carte.

Sur cette carte était son adresse. Sir John logeait rue de Richelieu, hôtel Mirabeau.

Il était onze heures du matin : c'était l'heure du déjeûner de Sir John ; Roland avait toute chance de le rencontrer à cette heure. Il remonta en voiture et ordonna au cocher de toucher à l'hôtel Mirabeau.

Il trouva sir John, en effet, devant une table servie à l'anglaise, chose rare à cette époque, et buvant de grandes tasses de thé et mangeant des côtelettes saignantes.

En apercevant Roland, sir John jeta un cri de joie, se leva et courut au-devant de lui.

Roland avait pris, pour cette nature exceptionnelle, où les qualités du cœur semblaient prendre à tâche de se cacher sous les excentricités nationales, un sentiment de profonde affection.

Sir John était pâle et amaigri ; mais, du reste, il se portait à merveille.

Sa blessure était complètement cicatrisée, et, à part une oppression qui allait chaque jour diminuant et qui bientôt devait disparaître tout à fait, il était tout prêt à recouvrer sa première santé.

Lui, de son côté, fit à Roland des tendresses que l'on eût été bien loin d'attendre de cette nature concentrée, et prétendit que la joie qu'il éprouvait de le revoir allait lui rendre ce complément de santé qui lui manquait.

Et d'abord, il offrit à Roland de partager son repas, en s'engageant à le faire servir à la française.

Roland accepta ; mais, comme tous les soldats qui avaient fait ces rudes guerres de la Révolution où le pain manquait souvent, Roland était peu gastronome, et il avait pris l'habitude de manger de toutes les cuisines, dans la prévoyance des jours où il n'aurait pas de cuisine du tout.

L'attention de sir John de le faire servir à la française fut donc une attention à peu près perdue.

Mais ce qui ne fut point perdu, ce que remarqua Roland, ce fut la préoccupation de sir John.

Il était évident que son ami avait sur les lèvres un secret qui hésitait à en sortir.

Roland pensa qu'il fallait l'y aider.

Aussi, le déjeûner arrivé à sa dernière période, Roland, avec cette franchise qui allait chez lui presque jusqu'à la brutalité, appuyant ses coudes sur la table et son menton entre ses deux mains :

— Eh bien, fit-il mon cher lord, vous avez donc à dire à votre ami Roland quelque chose que vous n'osez lui dire ?

Sir John tressaillit, et, de pâle qu'il était, devint pourpre.

— Peste! continua Roland, il faut que cela vous paraisse bien difficile; mais, si vous avez beaucoup de choses à me demander sir John, j'en sais peu, moi, que j'aie le droit de vous refuser. Parlez donc, je vous écoute.

Et Roland ferma les yeux, comme pour concentrer toute son attention sur ce qu'allait lui dire sir John.

Mais, en effet, c'était, au point de vue de lord Tanlay, quelque chose sans doute de bien difficile à dire, car au bout d'une dizaine de secondes, voyant que sir John restait muet, Roland rouvrit les yeux.

Sir John était redevenu pâle; seulement il était redevenu plus pâle qu'il n'était avant de devenir rouge.

Roland lui tendit la main.

— Allons, dit-il, je vois que vous voulez vous plaindre à moi de la façon dont vous avez été traité au château des Noires-Fontaines.

— Justement, mon ami ; attendu que de mon séjour dans ce château datera le bonheur où le malheur de ma vie.

Roland regarda fixement sir John.

— Ah! pardieu! dit-il, serais-je assez heureux...?

Et il s'arrêta, comprenant qu'au point de vue ordinaire de la société, il allait commettre une faute d'inconvenance.

— Oh ! dit sir John, achevez, mon cher Roland.

— Vous le voulez?

— Je vous en supplie.

— Et si je me trompe? si je dis une niaiserie?

— Mon ami, mon ami, achevez.

— Eh bien je disais, milord, serais-je assez heureux pour que Votre Seigneurie fît à ma sœur l'honneur d'être amoureuse d'elle?

Sir John jeta un cri de joie, et, d'un mouvement si rapide, qu'on l'en eût cru, lui, l'homme flegmatique, complètement incapable, il se précipita dans les bras de Roland.

— Votre sœur est un ange, mon cher Roland, s'écria-t-il, et je l'aime de toute mon âme !

— Vous êtes complètement libre, milord ?

— Complètement ; depuis douze ans, je vous l'ai dit, je jouis de ma fortune, et cette fortune est de vingt-cinq mille livres sterling par an.

— C'est beaucoup trop, mon cher, pour

une femme qui n'a à vous apporter qu'une cinquantaine de mille francs.

— Oh! fit l'Anglais avec cet accent national qu'il retrouvait parfois dans les grandes émotions, s'il faut se défaire de la fortune, on s'en défera.

— Non, dit en riant Roland, c'est inutile; vous êtes riche, c'est un malheur; mais qu'y faire?... Non, là n'est point la question. Vous aimez ma sœur?

— Oh! j'adore elle.

— Mais elle, reprit Roland parodiant l'anglicisme de son ami, aime-t-elle vous, ma sœur?

— Vous comprenez bien, reprit sir John, que je ne le lui ai pas demandé; je devais, avant toute chose, mon cher Roland, m'adresser à vous, et, si la chose vous agréait, vous prier de plaider ma cause près de votre mère ; puis votre aveu à tous deux obtenu, alors je me déclarais, ou plutôt, mon cher Roland, vous me déclareriez, car, moi, je n'oserais jamais

— Alors, c'est moi qui reçois votre première confidence ?

— Vous êtes mon meilleur ami, c'est trop juste.

—Eh bien, mon cher, vis-à-vis de moi, votre procès est gagné naturellement.

— Restent votre mère et votre sœur.

— C'est tout un. Vous comprenez : ma mère laissera Amélie entièrement libre de son choix, et je n'ai pas besoin de vous dire que, si ce choix se porte sur vous, elle en sera parfaitement heureuse ; mais il reste quelqu'un que vous oubliez.

— Qui cela ? demanda sir John en homme qui a longtemps pesé dans sa tête les chances contraires et favorables à un projet, qui croit les avoir toutes passées en revue, et auquel on présente un nouvel obstacle qu'il n'attendait pas.

— Le premier consul, fit Roland.

— *God ..!* laissa échapper l'Anglais avalant la moitié d'un juron national.

— Il m'a justement, avant mon départ pour la Vendée, continua Roland, parlé du mariage de ma sœur, me disant que cela ne nous regardait plus, ma mère ni moi, mais bien lui-même.

— Alors, dit sir John, je suis perdu.

— Pourquoi cela?

— Le premier consul, il n'aime pas les Anglais.

— Dites que les Anglais n'aiment pas le premier consul.

— Mais qui parlera de mon désir au premier consul?

— Moi.

— Et vous parlerez de ce désir comme d'une chose qui vous est agréable, à vous?

— Je ferai de vous une colombe de paix entre les deux nations, dit Roland en se levant.

— Oh! merci, s'écria sir John en saisissant la main du jeune homme.

Puis avec regret :

— Et vous me quittez?

— Cher ami, j'ai un congé de quelques heures : j'en ai donné une à ma mère, deux à vous, j'en dois une à votre ami Édouard... Je vais l'embrasser, et recommander à ses maîtres de le laisser se cogner tout à son aise avec ses camarades ; puis je rentre au Luxembourg.

— Eh bien, portez-lui mes compliments, et dites-lui que je lui ai commandé une paire de pistolets, afin qu'il n'ait plus besoin, quand il sera attaqué par des bandits, de se servir des pistolets du conducteur.

Roland regarda sir John.

— Qu'est-ce encore ? demanda-t-il.

— Comment ! vous ne savez pas ?

— Non ; qu'est-ce que je ne sais pas ?

— Une chose qui a failli faire mourir de terreur notre pauvre Amélie !

— Quelle chose?

— L'attaque de la diligence.

— Mais quelle diligence ?

— Celle où était votre mère.

— La diligence où était ma mère ?

— Oui.

— La diligence où était ma mère a été arrêtée?

— Vous avez vu madame de Montrevel, et elle ne vous a rien dit ?

— Pas un mot de cela, du moins.

— Eh bien, mon cher Édouard a été un

héros ; comme personne ne se défendait, lui s'est défendu. Il a pris les pistolets du conducteur et a fait feu.

— Brave enfant ! s'écria Roland.

— Oui ; mais, par malheur, ou par bonheur, le conducteur avait eu la précaution d'enlever les balles ; Édouard a été caressé par messieurs les compagnons de Jéhu, comme étant le brave des braves, mais il n'a tué ni blessé personne.

— Et vous êtes sûr de ce que vous me dites-là.

— Je vous répète que votre sœur a pensé en mourir d'effroi.

— C'est bien, dit Roland.

— Quoi, c'est bien? fit sir John.

— Oui... raison de plus pour que je voie Édouard.

— Qu'avez-vous encore?

— Un projet.

— Vous m'en ferez part.

— Ma foi, non ; mes projets, à moi, ne tournent pas assez bien pour vous.

— Cependant vous comprenez, cher Roland, s'il y avait une revanche à prendre?

— Eh bien, je la prendrai pour nous

deux ; vous êtes amoureux, mon cher lord, vivez dans votre amour.

— Vous me promettez toujours votre appui?

— C'est convenu ; j'ai le plus grand désir de vous appeler mon frère.

— Êtes-vous las de m'appeler votre ami ?

— Ma foi, oui : c'est trop peu.

— Merci.

— Et tous deux se serrèrent la main et se séparèrent.

Un quart d'heure après, Roland était

au Prytanée français, situé où est situé aujourd'hui le lycée Louis-le-Grand, c'est-à-dire vers le haut de la rue Saint-Jacques, derrière la Sorbonne.

Au premier mot que lui dit le directeur de l'établissement, Roland vit que son jeune frère avait été recommandé tout particulièrement.

On fit venir l'enfant:

Édouard se jeta dans les bras de son grand frère avec cet élan d'adoration qu'il avait pour lui.

Roland, après les premiers embrassements, mit la conversation sur l'arrestation de la diligence.

Si madame de Montrevel n'avait rien dit, si lord Tanlay avait été sobre de détails, il n'en fut point ainsi d'Édouard.

Cette arrestation de diligence, c'était son Iliade à lui.

Il raconta la chose à Roland dans ses moindres détails, la connivence de Jérôme avec les bandits, les pistolets chargés, mais à poudre seulement, l'évanouissement de sa mère, les secours prodigués pendant cet évanouissement par ceux-là mêmes qui l'avaient causé, son nom de baptême connu des agresseurs, enfin le masque un instant tombé du visage de celui qui portait secours à madame de Montrevel, ce qui faisait que madame de Montrevel avait dû voir le visage de celui qui la secourait.

Roland s'arrêta surtout à ce dernier détail.

Puis vint, racontée par l'enfant, la relation de l'audience du premier consul, comment celui-ci l'avait embrassé, caressé, choyé, et enfin recommandé au directeur du Prytanée français.

Roland apprit de l'enfant tout ce qu'il en voulait savoir, et, comme il n'y avait que cinq minutes de chemin de la rue Saint-Jacques au Luxembourg, il était au Luxembourg cinq minutes après.

XII

Sculpture et peinture.

Lorsque Roland entra au Luxembourg, la pendule du palais marquait une heure et un quart de l'après-midi.

Le premier consul travaillait avec Bourrienne.

Si nous ne faisions qu'un simple roman, nous nous hâterions vers le dénoûment, et, pour y arriver plus vite, nous négligerions certains détails dont, assure-t-on, les grandes figures historiques peuvent se passer.

Ce n'est point notre avis.

Du jour où nous avons mis la main à la plume, — et il y aura de cela bientôt trente ans, — soit que notre pensée se concentrât dans un drame, soit qu'elle s'étendît dans un roman, nous avons eu un double but : instruire et amuser.

Et nous disons instruire d'abord ; car l'amusement, chez nous, n'a été qu'un masque à l'instruction.

Avons-nous réussi ? Nous le croyons.

Nous allons tantôt avoir parcouru avec nos récits, à quelque date qu'ils se soient rattachés, une période immense : entre la *Comtesse de Salisbury* et le *Comte de Monte-Cristo*, cinq siècles et demi se trouvent enfermés.

Eh bien, nous avons la prétention d'avoir, sur ces cinq siècles et demi, appris à la France autant d'histoire qu'aucun historien.

Il y a plus : quoique notre opinion soit bien connue ; quoique, sous les Bourbons de la branche aînée comme sous les Bourbons de la branche cadette, sous la

Républiique comme sous le gouvernement actuel, nous l'ayons toujours proclamée hautement, nous ne croyons pas que cette opinion se soit jamais manifestée intempestivement ni dans nos drames ni dans nos livres.

Nous admirons le marquis de Posa dans le *Don Carlos* de Schiller, mais à la place de Schiller nous n'eussions pas anticipé sur l'esprit des temps, au point de placer un philosophe du dix-huitième siècle au milieu des héros du seizième siècle, un encyclopédiste à la cour de Philippe II.

Ainsi, de même que nous avons été, — littérairement parlant, — monarchiste sous la monarchie, républicain sous la République, nous sommes aujourd'hui reconstructeurs sous le Consulat.

Cela n'empêche point notre pensé de planer au-dessus des hommes et au-dessus de l'époque, et de faire à chacun sa part dans le bien comme dans le mal.

Or, cette part, nul n'a le droit, excepté Dieu, de la faire à lui tout seul. Ces rois d'Égypte qui, au moment d'être livrés à l'inconnu, étaient jugés au seuil de leur tombeau, n'étaient point jugés par un homme mais par un peuple.

C'est pour cela qu'on a dit : « Le jugement du peuple est le jugement de Dieu. »

Historien, romancier, poète, auteur

dramatique, nous ne sommes rien autre chose qu'un de ces présidents de jury qui, impartialement, résument les débats et laissent les jurés prononcer le jugement.

Le livre, c'est le résumé.

Les lecteurs, c'est le jury.

C'est pourquoi, ayant à peindre une des figures les plus gigantesques non-seulement du monde moderne, mais encore de tous les temps, ayant à la peindre à l'époque de sa transition, c'est-à-dire au moment où Bonaparte se fait Napoléon, où le général se fait empereur ; c'est pourquoi, disons-nous, dans la crainte d'être injuste, nous abandonnons les appréciations pour y substituer des faits.

Nous ne sommes pas de l'avis de ceux qui disent, — c'était Voltaire qui disait cela : « Il n'y a pas de héros pour son valet de chambre. »

C'est possible quand le valet de chambre est myope ou envieux, deux infirmités qui se ressemblent plus qu'on ne le pense.

Nous soutenons, nous, qu'un héros peut devenir un bon homme, mais qu'un bon homme, pour être bon homme, n'en est pas moins un héros.

Qu'est-ce qu'un héros en face du public ?

Un homme dont le génie l'emporte momentanément sur le cœur.

Qu'est-ce qu'un héros dans l'intimité ?

Un homme dont le cœur l'emporte momentanément sur le génie.

Historiens, jugez le génie.

Peuple, juge le cœur.

Qui a jugé Charlemagne ? Les historiens ?

Qui a jugé Henri IV ? Le peuple.

Lequel, à votre avis, est le mieux jugé ?

Eh bien, pour qu'un jugement soit juste, pour que le tribunal d'appel, qui n'est autre chose que la postérité, confirme l'arrêt des contemporains, il ne faut point éclairer un seul côte de la figure que l'on a à peindre : il faut en faire le tour, et, là où ne peut arriver le soleil, porter le flambeau et même la bougie.

Revenons à Bonaparte.

Il travaillait, nous l'avons dit, avec Bourrienne.

Quelle était la division du temps pour le premier consul au Luxembourg ?

Il se levait de sept à huit heures du matin, appelait aussitôt un de ses secrétaires, — Bourrienne de préférence, — travaillait avec lui jusqu'à dix heures. A dix heures, on venait annoncer que le déjeûner était servi ; Joséphine, Hortense et

Eugène attendaient, on se mettaient à table en famille, c'est-à-dire avec les aides-de-camp de service et Bourrienne. Après le déjeûner, on causait avec les commensaux et les invités, s'il y en avait; une heure était consacrée à cette causerie, à laquelle venaient prendre part, d'habitude, les deux frères du premier consul, Lucien et Joseph, Regnault de Saint-Jean-d'Angely, Boulay (de la Meurthe), Monge, Berthollet, Laplace, Arnault. Vers midi, arrivait Cambacérès. En général, Bonaparte consacrait une demi-heure à son chancelier ; puis, tout à coup, sans transition, il se levait, disant :

— Au revoir, Joséphine !... au revoir, Hortense !... Bourrienne, allons travailler.

Ces paroles, qui revenaient à peu près régulièrement et dans les mêmes termes, tous les jours à la même heure, une fois prononcées, Bonaparte sortait du salon et rentrait dans son cabinet.

Là, aucune méthode de travail n'était adoptée ; c'était une affaire d'urgence ou de caprice : ou Bonaparte dictait, ou Bourrienne faisait une lecture ; après quoi, le premier consul se rendait au conseil.

Dans les premiers mois, il était obligé, pour s'y rendre, de traverser la cour du petit Luxembourg ; ce qui, par les temps pluvieux, le mettait de mauvaise humeur ; mais, vers la fin de décembre, il avait pris le parti de faire couvrir la cour. Aussi, depuis cette époque, rentrait-il presque toujours en chantant dans son cabinet.

Bonaparte chantait presque aussi faux que Louis XV.

Une fois rentré chez lui, il examinait le travail qu'il avait commandé, signait quelques lettres, s'allongeait dans son fauteuil, dont, tout en causant, il taillait un des bras avec son canif; s'il n'était point en train de causer, il relisait les lettres de la veille ou les brochures du jour, riait, dans les intervalles, avec l'air bonhomme d'un grand enfant; puis, tout à coup, comme se réveillant d'un songe, il se dressait tout debout, disant :

— Écrivez Bourrienne !

Et, alors, il indiquait le plan d'un monument à ériger, ou dictait quelqu'un de ces projets immenses qui ont étonné, disons mieux, qui ont parfois épouvanté le monde.

A cinq heures, on dînait ; après le dîner le premier consul remontait chez Joséphine, où il recevait habituellement la visite des ministres, et particulièrement celle du ministre des affaires extérieures, M. de Talleyrand.

A minuit, quelquefois plus tôt, jamais plus tard, il donnait le signal de la retraite, en disant brusquement :

— Allons-nous coucher.

Le lendemain, à sept heures du matin, la même vie recommençait, troublée seulement par les incidents imprévus.

Après ces détails sur les habitudes particulières au génie puissant que nous tentons de montrer sous son premier aspect, il nous semble que doit venir le portrait.

Bonaparte premier consul a laissé moins de monuments de sa propre personne que Napoléon empereur; or, comme rien ne ressemble moins à l'empereur de 1812 que le premier consul de 1800, indiquons, s'il est possible, avec notre plume ces traits que le pinceau ne peut traduire, la physionomie que le bronze ni le marbre ne peuvent fixer.

La plupart des peintres et des sculpteurs dont s'honorait cette illustre période de l'art qui a vu fleurir les Gros, les David, les Prud'hon, les Girodet et les Bosio, ont essayé de conserver à la postérité les traits de l'homme du destin, aux différentes époques où se sont révélées les grandes vues providentielles auxquelles il était appelé : ainsi, nous avons des portraits de Bonaparte, général en chef, de Bonaparte, premier consul et de Napoléon, empereur, et, quoique peintres ou statuaires aient saisi plus ou moins heureusement le type de son visage, on peut dire qu'il n'existe pas, ni du général, ni du premier consul, ni de l'empeur, un seul portrait ou buste parfaitement ressemblant.

C'est qu'il n'était pas donné, même au

génie, de triompher d'une impossibilité;
c'est que, dans la première période de la
vie de Bonaparte, on pouvait peindre ou
sculpter son crâne proéminent, son front
sillonné par la ride sublime de la pensée,
sa figure pâle, allongée, son teint graniti-
que et l'habitude médiative de sa physionomie; c'est que, dans la seconde, on
pouvait peindre ou sculpter son front
élargi, son sourcil admirablement dessiné,
son nez droit, ses lèvres serrées, son menton modelé avec une rare perfection, tout
son visage enfin devenu la médaille d'Auguste; mais que ni buste ni portrait ne
pouvaient rendre ce qui était hors du domaine de l'imitation, c'est-à-dire la mobi-
lité de son regard : — le regard, qui est à

l'homme ce que l'éclair est à Dieu, c'est-à-dire la preuve de sa divinité.

Ce regard, dans Bonaparte, obéissait à sa volonté avec la rapidité de l'éclair; dans la même minute, il jaillissait de ses paupières tantôt vif et perçant comme la lame d'un poignard tiré violemment du fourreau, tantôt doux comme un rayon ou comme une caresse, tantôt sévère comme une interrogation ou terrible comme une menace.

Bonaparte avait un regard pour chacune des pensées qui agitaient son âme.

Chez Napoléon, ce regard, excepté dans les grandes circonstances de sa vie, cesse d'être mobile pour devenir fixe ; mais, fixe, il n'en est que plus impossible à rendre : c'est une vrille qui creuse le cœur de celui qu'il regarde et qui semble vouloir en sonder jusqu'à la plus profonde, jusqu'à la plus secrète pensée.

Or, le marbre et la peinture ont bien pu rendre cette fixité ; mais ni l'un ni l'autre n'ont pu rendre la vie, c'est-à-dire l'action pénétrante et magnétique de ce regard.

Les cœurs troubles ont les yeux voilés.

Bonaparte, même au temps de sa maigreur, avait de belles mains ; il mettait à les montrer une certaine coquetterie.

Lorsqu'il engraissa, ses mains devinrent superbes; il en avait un soin tout particulier, et, en causant, les regardait avec complaisance.

Il avait la même prétention pour les dents; les dents, en effet, étaient belles, mais elles n'avaient point la splendeur des mains.

Lorsqu'il se promenait, soit seul, soit avec quelqu'un, que la promenade eût lieu dans ses appartements ou dans un jardin, il marchait presque toujours un peu courbé, comme si sa tête eût été lourde à porter; et, les mains croisées derrière le dos, il faisait fréquemment un mouvement involontaire de l'épaule droite, comme si un frissonnement nerveux passait à travers cette épaule, et en même temps sa bouche faisait de gauche à droite un mouvement qui semblait se rattacher au premier. Ces mouvements, au reste, n'avaient, quoi qu'on en ait dit, rien de convulsif : c'était un simple tic d'habitude, indiquant chez lui une grande préoccupation, une sorte de congestion d'esprit ; aussi ce tic se produisait-il plus fréquemment aux époques où le général, le premier consul ou l'empereur mûrissait de vastes projets. C'était après de telles promenades, accompagnées de ce double mouvement de l'épaule et de la bouche, qu'il dictait ses notes les plus importantes ; en campagne, à l'armée, à cheval, il était infatigable, et presque aussi infatigable dans la vie ordinaire, où parfois il marchait pendant cinq ou six heures de suite sans s'en apercevoir.

Quand il se promenait ainsi avec quelqu'un de sa familiarité, il passait habituellement son bras sous celui de son interlocuteur et s'appuyait dessus.

Tout mince, tout maigre même qu'il était à l'époque où nous le mettons sous les yeux de nos lecteurs, il se préoccupait déjà de sa future obésité; c'était d'ordinaire à Bourrienne qu'il faisait cette singulière confidence.

— Vous voyez, Bourrienne, combien je suis sobre et mince; eh bien, on ne m'ôterait pas de l'idée qu'à quarante ans, je serai gros mangeur et que je prendrai beaucoup d'embonpoint. Je prévois que ma constitution changera, et cependant je fais assez d'exercice ; mais que voulez-vous ! c'est un pressentiment, cela ne peut manquer d'arriver.

On sait à quel degré d'obésité était parvenu le prisonnier de Sainte-Hélène.

Il avait pour les bains une véritable passion, qui sans doute ne contribua point médiocrement à développer son obésité; cette passion lui faisait du bain un besoin irrésistible. Il en prenait un tous les deux jours, y restait deux heures, se faisait, pendant ce temps, lire les journaux ou les pamphlets ; pendant cette lecture, il ou-

vrait à toute minute le robinet d'eau chaude,
de sorte qu'il élevait la température de son
bain à un degré que ne pouvait supporter
le lecteur, qui, d'ailleurs, n'y voyait plus
pour lire.

Seulement alors, il permettait que l'on
ouvrît la porte.

On a parlé des attaques d'épilepsie auxquelles, dès la première campagne d'Italie, il aurait été sujet; Bourrienne est resté
onze ans près de lui et ne l'a jamais vu
atteint de ce mal.

D'un autre côté, infatigable le jour, il
avait la nuit un impérieux besoin de sommeil, surtout dans la période où nous le

prenons ; Bonaparte, général ou premier consul, faisait veiller les autres, mais dormait, lui, et dormait bien. Il se couchait à minuit, quelquefois même plus tôt, nous l'avons dit, et lorsqu'à sept heures du matin on entrait dans sa chambre pour l'éveiller, on le trouvait toujours endormi ; le plus souvent, au premier appel, il se levait ; mais parfois, tout sommeillant encore, il disait en balbutiant :

— Bourrienne, je t'en prie, laisse-moi dormir encore un moment.

Et quand rien ne pressait, Bourrienne rentrait à huit heures ; sinon il insistait, et, tout en grognant, Bonaparte finissait par se lever.

Il dormait sept heures sur vingt-quatre, parfois huit heures, faisant alors une courte sieste dans l'après-midi.

Aussi avait-il des instructions particulières pour la nuit.

— La nuit, disait-il, vous entrerez, en général, le moins possible dans ma chambre; ne m'éveillez jamais quand vous aurez une bonne nouvelle à m'annoncer : une bonne nouvelle peut attendre; mais, s'il s'agit d'une mauvaise nouvelle, réveillez-moi à l'instant même; car, alors, il n'y a pas un instant à perdre pour y faire face.

Dès que Bonaparte était levé et avait fait sa toilette du matin, toujours très complète, son valet de chambre entrait, lui faisait la barbe et peignait ses cheveux ; pendant qu'on le rasait, un secrétaire ou un aide-de-camp lui lisait les journaux, en commençant toujours par *le Moniteur*. Il ne donnait d'attention réelle qu'aux journaux anglais ou allemands.

— Passez, passez, disait-il à la lecture des journaux français ; *je sais ce qu'ils disent, parce qu'ils ne disent que ce que je veux*.

La toilette de Bonaparte faite dans sa chambre à coucher, il descendait dans son cabinet. Nous avons vu plus haut ce qu'il y faisait.

A dix heures, on annonçait, avons-nous dit, le déjeûner.

C'était le maître d'hôtel qui faisait cette annonce, et il la faisait en ces termes :

— Le général est servi.

Aucun titre, comme on voit, pas même celui de premier consul.

Le repas était frugal ; tous les matins, on servait à Bonaparte un plat de prédilection dont il mangeait presque tous les matins : c'était un poulet frit à l'huile et à l'ail, le même qui a pris depuis, sur la carte des restaurateurs, le nom de *poulet à la Marengo*.

Bonaparte buvait peu, ne buvait que du vin de Bordeaux ou de Bourgogne, et préférablement ce dernier.

Après son déjeûner comme après son dîner, il prenait une tasse de café noir; jamais entre ses repas.

Quand il lui arrivait de travailler jusqu'à une heure avancée de la nuit, c'était, non point du café, mais du chocolat qu'on lui apportait, et le secrétaire qui travaillait avec lui en avait une tasse pareille à la sienne.

La plupart des historiens, des chroniqueurs, des biographes, après avoir dit que Bonaparte prenait beaucoup de café, ajoutent qu'il prenait immodérément de tabac.

C'était une double erreur.

Dès l'âge de vingt-quatre ans, Bonaparte avait contracté l'habitude de priser, mais juste ce qu'il fallait pour tenir son cerveau éveillé ; il prisait habituellement, non pas dans la poche de son gilet, comme on l'a prétendu, mais dans une tabatière qu'il échangeait presque chaque jour contre une nouvelle, ayant, sur ce point de collectionneur de tabatières, une certaine ressemblance avec le grand Frédéric ; s'il prisait par hasard dans la poche de son gilet, c'était les jours de bataille, où il lui eût été difficile de tenir à la fois, en traversant le feu au galop, la bride de son cheval et une tabatière ; il avait pour ces jours-là des gilets avec la poche droite doublée en peau parfumée, et comme l'échancrure de son habit lui permettait d'insérer le pouce et l'index dans sa poche sans ouvrir son habit, il pouvait, en quelque circonstance et à quelque allure que ce fût, priser tout à son aise.

Général ou premier consul, il ne mettait pas de gants, se contentant de les tenir et et de les froisser dans sa main gauche; empereur, il y eut progrès : il en mit un, et comme il changeait de gants, non-seulement tous les jours, mais encore deux ou trois fois par jour, son valet de chambre eut l'idée de ne faire refaire qu'un seul gant, complétant la paire avec celui qui ne servait pas.

Bonaparte avait deux grandes passions dont Napoléon hérita : la guerre et les monuments.

Gai et presque rieur dans les camps, il devenait rêveur et sombre dans le repos; c'était alors que, pour sortir de cette tristesse, il avait recours à l'électricité de l'art et rêvait ces monuments gigantesques comme il en a entrepris beaucoup et achevé quelques-uns. Il savait que les monuments font partie de la vie des peuples; qu'ils sont son histoire écrite en lettres majuscules; que longtemps après que les générations ont disparu de la terre, ces jalons des âges restent debout; que Rome vit dans ses ruines, que la Grèce parle dans ses monuments; que, par les siens, l'Égypte apparaît, spectre splendide et mystérieux, au seuil des civilisations.

Mais ce qu'il aimait par-dessus tout,

ce qu'il caressait préférablement à tout, c'était la renommée, c'était le bruit ; de là ce besoin de guerre, cette soif de gloire.

Souvent il disait :

—Une grande réputation, c'est un grand bruit : plus on en fait, plus il s'étend au loin ; les lois, les institutions, les monuments, les nations, tout cela tombe ; mais le bruit reste et retentit dans d'autres générations. Babylone et Alexandrie sont tombées : Sémiramis et Alexandre sont restés debout, plus grands peut-être par l'écho de leur renommée, répété et accru d'âge en âge qu'ils ne l'étaient dans la réalité même.

Puis, rattachant ces grandes idées à lui-même :

— Mon pouvoir, disait-il, tient à ma gloire, et ma gloire aux batailles que j'ai gagnées; la conquête m'a fait ce que je suis, la conquête seule peut me maintenir. Un gouvernement nouveau-né a besoin d'étonner et d'éblouir : dès qu'il ne flamboie plus, il s'éteint; du moment où il cesse de grandir, il tombe.

Longtemps il avait été Corse, supportant avec impatience la conquête de sa patrie; mais, le 13 vendémiaire passé, il s'était fait véritablement Français et en était arrivé à aimer la France avec passion; son rêve c'était de la voir grande, heureuse, puissante, à la tête des nations comme gloire et comme art; il est vrai que, faisant la France grande, il grandissait avec elle, et qu'indestructiblement il attachait son nom à sa grandeur. Pour lui, vivant éternellement dans cette pensée, le moment actuel disparaissait dans 'avenir; partout où l'emportait l'ouragan de la guerre, il avait, avant toute chose, avant tout autre pays, la France présente à sa pensée. « Que penseront les Athéniens? » disait Alexandre après Issus et Arbelles, « J'espère que les Français seront contents de moi, » disait Bonaparte après Rivoli et les Pyramides.

Avant la bataille, le moderne Alexandre s'occupait peu de ce qu'il ferait en cas de succès, mais beaucoup en cas de revers; il était, plus que tout autre, convaincu qu'un rien décide parfois des plus grands évènements ; aussi était-il plus occupé de prévoir ces évènements que de les provoquer ; il les regardait naître, il les voyait mûrir ; puis, le moment venu, il apparaissait, mettait la main sur eux, et les domptait et les dirigeait comme un habile écuyer dompte et dirige un cheval fougueux.

Sa grandeur rapide au milieu des révolutions, les changements politiques qu'il avait préparés ou vus s'accomplir, les évènements qu'il avait dominés lui avaient donné un certain mépris des hommes, que, d'ailleurs, par sa nature, il n'était point porté à estimer ; aussi avait-il souvent à la bouche cette maxime d'autant plus désolante qu'il en avait reconnu la vérité :

— Il y a deux leviers pour remuer les hommes, la crainte et l'intérêt.

Avec de pareils sentiments, Bonaparte ne devait pas croire et ne croyait point à l'amitié.

— Combien de fois, dit Bourrienne, ne m'a-t-il pas répété : « L'amitié n'est qu'un » mot; je n'aime personne, pas même mes » frères... Joseph un peu, peut-être; en- » core, si je l'aime, c'est par habitude et » parce qu'il est mon aîné... Duroc, oui, » lui, je l'aime; mais pourquoi? parce que » son caractère me plaît, parce qu'il est » froid, sec et sévère; puis Duroc ne pleure » jamais!... D'ailleurs, pourquoi aimerais- » je? Croyez-vous que j'aie de vrais amis, » moi? Tant que je serai ce que je suis, » je m'en ferai, en apparence du moins; » mais que je cesse d'être heureux, et vous

» verrez ! Les arbres n'ont pas de feuilles
» pendant l'hiver... Voyez-vous, Bour-
» rienne, il faut laisser pleurnicher les
» femmes, c'est leur affaire ; mais, moi,
» pas de sensibilité ; il faut avoir la main
» vigoureuse et le cœur ferme ; autrement,
» il ne faut se mêler ni de guerre ni de
» gouvernement. »

Dans ses relations familières, Bonaparte était ce que l'on appelle au collége
un taquin ; mais ses taquineries étaient
exemptes de méchanceté et presque jamais
désobligeantes ; sa mauvaise humeur, facile d'ailleurs à exciter, passait comme un
nuage chassé par le vent, s'exhalait en
paroles, se dissipait dans ses propres
éclats. Pourtant, lorsqu'il s'agissait des

affaires publiques, de quelque faute d'un de ses lieutenants ou de ses ministres, il se laissait aller à de graves emportements; ses boutades alors étaient vives et dures toujours, humiliantes parfois ; il donnait un coup de massue sous lequel il fallait, bon gré mal gré, courber la tête : ainsi sa scène avec Jomini, ainsi sa scène avec le duc de Bellune.

Bonaparte avait deux sortes d'ennemis, les jacobins et les royalistes : il détestait les premiers et craignait les seconds ; lorsqu'il parlait des jacobins, il ne les appelait que les assassins de Louis XVI ; quant aux royalistes c'était autre chose : on eût dit qu'il prévoyait la Restauration.

Il avait près de lui deux hommes qui

avaient voté la mort du roi : Fouché et Cambacérès.

Il renvoya Fouché de son ministère, et, s'il garda Cambacérès, ce fut à cause des services que pouvait rendre l'éminent légiste ; mais il n'y pouvait tenir, et, souvent, prenant par l'oreille son collègue le second consul : .

— Mon pauvre Cambacérès, disait-il, j'en suis bien fâché, mais votre affaire est claire : si jamais les Bourbons reviennent, vous serez pendu !

Un jour, Cambacérès s'impatienta, et par un hochement de tête, arrachant son oreille aux pinces vivantes qui la tenaient :

— Allons, dit-il, laissez donc de côté vos mauvaises plaisanteries!

Toutes les fois que Bonaparte échappait à un danger, une habitude d'enfance, une habitude corse reparaissait : il faisait sur sa poitrine, et avec le pouce, un rapide signe de croix.

Quand il éprouvait quelque contrariété ou était en proie à une pensée désagréable, il fredonnait : quel air? un air à lui, qui n'en était pas un, que personne n'a jamais reconnu, tant il avait la voix fausse ; alors, et tout en chantonnant, il s'asseyait devant sa table de travail, se dandinant dans son fauteuil, se penchant en arrière au point de tomber à la renverse, et mutilant, comme nous l'avons dit, le bras de son fauteuil avec son canif qui n'avait pas pour lui d'autre utilité, attendu que jamais il ne taillait une plume lui-même : c'était son secrétaire qui avait cette charge, et qui les lui taillait du mieux possible, intéressé qu'il était à ce que cette effroyable écriture que l'on connaît ne fût pas tout à fait illisible.

On sait l'effet que produisait sur Bonaparte le son des cloches : c'était la seule musique qu'il comprît et qui lui allât au cœur; s'il était assis lorsque la vibration se faisait entendre, d'un signe de la main il recommandait le silence et se penchait du côté du son; s'il était en train de se promener, il s'arrêtait, inclinait la tête et écoutait : tant que la cloche tintait, il restait immobile; le bruit éteint dans l'espace, il reprenait son travail, répondant à ceux qui le priaient d'expliquer cette singulière sympathie pour la voix de bronze :

— Cela me rappelle les premières années que j'ai passées à Brienne ; j'étais heureux alors !

A l'époque où nous sommes arrivés, sa grande préoccupation était l'achat qu'il venait de faire du domaine de la Malmaison ; il allait tous les samedis soirs à cette campagne, y passait, comme un écolier en vacances, la journée du dimanche et souvent même celle du lundi. Là, le travail était négligé pour la promenade; pendant cette promenade, il surveillait lui-même les embellissements qu'il faisait exécuter. Quelquefois, et dans les commencements surtout, ses promenades s'étendaient hors des limites de la maison de campagne; les rapports de la police mirent bientôt ordre à ces excursions, qui furent supprimées complètement après la conspiration d'Aréna et l'affaire de la machine infernale.

Le revenu de la Malmaison, calculé par Bonaparte lui-même, en supposant qu'il fît vendre ses fruits et ses légumes, pouvait monter à huit mille francs.

— Cela n'est pas mal, disait-il à Bourrienne; mais, ajoutait-il avec un soupir, il faudrait avoir trente mille livres de rente en dehors pour pouvoir vivre ici.

Bonaparte mêlait une certaine poésie à son goût pour la campagne : il aimait à voir sous les allées sombres du parc se promener une femme, la taille haute et flexible; seulement, il fallait qu'elle fût vêtue de blanc : il détestait les robes de couleur foncée, et avait en horreur les grosses femmes; quant aux femmes enceintes, il éprouvait pour elles une telle répugnance, qu'il était bien rare qu'il les invitât à ses soirées ou à ses fêtes; au reste, peu galant de sa nature, imposant trop pour attirer, à peine poli avec les femmes, il prenait rarement sur lui de dire, même aux plus jolies, une chose agréable; souvent même on tressaillait, étonné des mauvais compliments qu'il faisait aux meilleures amies de Joséphine. A telle femme il avait dit : « Oh! comme vous avez les bras rouges! » à telle autre : « Oh! la vilaine coiffure que vous avez là! » à celle-ci : « Vous avez une robe bien sale, je vous l'ai déjà vue vingt fois! » à celle-là : « Vous devriez bien changer de couturière, car vous êtes singulièrement fagotée. »

Un jour, il dit à la duchesse de Chevreuse, charmante blonde dont tout le monde admirait la chevelure :

— Ah! c'est singulier, comme vous êtes rousse!

— C'est possible, répondit la duchesse;

seulement, c'est la première fois qu'un homme me le dit.

Bonaparte n'aimait pas le jeu, et quand il jouait par hasard, c'était au vingt-et-un ; du reste, il avait cela de commun avec Henri IV, qu'il trichait ; mais, le jeu fini, il laissait tout ce qu'il avait d'or et de billets sur la table en disant :

— Vous êtes des niais ! j'ai triché pendant tout le temps que nous avons joué, et vous ne vous en êtes pas aperçus. Que ceux qui ont perdu se rattrapent.

Bonaparte, né et élevé dans la religion catholique, n'avait de préférence pour aucun dogme ; lorsqu'il rétablit l'exercice du culte, ce fut un acte politique qu'il accomplit et non un acte religieux. Il aimait cependant les causeries qui portaient sur ce sujet; mais lui-même se traçait d'avance sa part dans la discussion en disant :

— Ma raison me tient dans l'incrédulité de beaucoup de choses ; mais les impressions de mon enfance et les inspirations de ma première jeunesse me rejettent dans l'incertitude.

Pourtant, il ne voulait pas entendre parler de matérialisme ; peu lui importait le dogme, pourvu que ce dogme reconnût un Créateur. Pendant une belle soirée de messidor, tandis que son bâtiment glissait entre le double azur de la mer et du ciel, les mathématiciens soutenaient qu'il n'y avait pas de Dieu, mais seulement une matière animée. Bonaparte regarda cette voûte céleste, plus brillante cent fois entre Malte et Alexandrie qu'elle ne l'est dans notre Europe, et, au moment où l'on croyait qu'il était bien loin de la conversation :

— Vous avez beau dire, s'écria-t-il en montrant les étoiles, c'est un Dieu qui a fait tout cela.

Bonaparte, très exact à payer ses dépenses particulières, l'était infiniment moins pour les dépenses publiques ; il était convaincu que, dans les marchés passés entre les ministres et les fournisseurs, si le ministre qui avait conclu le marché n'était pas dupe, l'État, en tout cas, était volé; aussi reculait-il autant que possible l'époque du paiement; alors il n'y avait point de chicane et de difficultés qu'il ne fît, point de mauvaises raisons qu'il ne donnât; c'était chez lui une idée fixe, un principe invariable, que tout fournisseur était un fripon.

Un jour, on lui présente un homme qui avait fait une soumission et avait été accepté.

— Comment vous appelez-vous? demanda-t-il avec sa brusquerie ordinaire.

— Vollant, citoyen premier consul.

— Beau nom de fournisseur.

— Mon nom, citoyen, s'écrit avec deux ll.

— On n'en vole que mieux, monsieur, reprit Bonaparte.

Et il lui tourna le dos.

Bonaparte revenait rarement sur une décision arrêtée, même quand il l'avait reconnue injuste ; jamais nul ne lui entendit dire : « J'ai eu tort ; » tout au contraire, son mot favori était: « Je commence toujours par croire le mal. » La maxime était plus digne de Timon que d'Auguste.

Mais, avec tout cela, on sentait que c'était chez Bonaparte plutôt un parti pris d'avoir l'air de mépriser les hommes que de les mépriser véritablement. Il n'était ni haineux ni vindicatif; seulement, parfois, croyait-il trop à la *nécessité*, la déesse aux coins de fer ; au reste, hors du champ de la politique, sensible, bon, accessible à la pitié, aimant les enfants, grande preuve d'un cœur doux et pitoyable, ayant dans la vie privée de l'indulgence pour les faiblesses humaines, et parfois une certaine bonhomie, celle de Henri IV jouant avec ses enfants malgré l'arrivée de l'ambassadeur d'Espagne.

Si nous faisions ici de l'histoire, nous aurions encore bien des choses à dire de Bonaparte, sans compter, — quand nous en aurions fini avec Bonaparte, — ce qui nous resterait à dire de Napoléon.

Mais nous écrivons une simple chronique dans laquelle Bonaparte joue son rôle ; par malheur, là où se montre Bonaparte, ne fît-il qu'apparaître, il devient, malgré le narrateur, un personnage principal.

Qu'on nous pardonne donc d'être retombé dans la digression : cet homme qui est à lui seul tout un monde, nous a, en dépit de nous-même, entraîné dans son tourbillon.

Revenons à Roland, et, par conséquent, à notre récit.

XIII

L'ambassadeur.

Nous avons vu qu'en rentrant, Roland avait demandé le premier consul, et qu'on lui avait répondu que le premier consul travaillait avec le ministre de la police.

Roland était le familier de la maison ; quel que fût le fonctionnaire avec lequel travaillât Bonaparte, à son retour d'un voyage ou même d'une simple course, il avait l'habitude d'entr'ouvrir la porte du cabinet et de passer la tête.

Souvent le premier consul était si occupé, qu'il ne faisait pas attention à cette tête qui passait.

Alors, Roland prononçait ce seul mot : « Général! » ce qui voulait dire dans cette langue intime que les deux condisciples avaient continué de parler : « Général, je suis là ; avez-vous besoin de moi? J'attends vos ordres. » Si le premier consul n'avait pas besoin de Roland, il répondait : « C'est bien. » Si, au contraire, il avait besoin de lui, il disait ce seul mot : « Entre. »

Roland entrait alors, et attendait dans l'embrasure d'une fenêtre que son général lui dît pour quel motif il l'avait fait entrer.

Comme d'habitude, Roland passa la tête en disant :

— Général !

— Entre, répondit le premier consul avec une satisfaction visible. Entre ! entre !

Roland entra.

Comme on le lui avait dit, Bonaparte travaillait avec le ministre de la police.

L'affaire dont s'occupait le premier consul, et qui paraissait le préoccuper fort, avait aussi pour Roland son côté d'intérêt.

Il s'agissait de nouvelles arrestations de diligences opérées par les **compagnons de Jehu**.

Sur la table étaient trois procès-verbaux constatant l'arrestation d'une diligence et de deux malles-postes.

Dans une de ces malles-postes se trouvait le caissier de l'armée d'Italie, Triber.

Les arrestations avaient eu lieu, la première sur la grande route de Meximieux à Montluel, dans la partie du chemin qui traverse le territoire de la commune de Belignieux ; la seconde, à l'extrémité du lac de Silans, du côté de Nantua ; la troisième, sur la grande route de Saint-Étienne à Bourg, à l'endroit appelé les Carronnières.

Un fait particulier se rattachait à l'une de ces arrestations.

Une somme de quatre mille francs et une caisse de bijouterie avaient, par mégarde, été confondues avec les groupes d'argent appartenant au gouvernement, et enlevées aux voyageurs ; ceux-ci les croyaient perdues, lorsque le juge de paix de Nantua reçut une lettre sans signature, qui lui indiquait l'endroit où ces objets avaient été enterrés, avec prière de les remettre à leurs propriétaires, les compagnons de Jehu faisant la guerre au gouvernement, mais non aux particuliers.

D'un autre côté, dans l'affaire des Carronnières, — où les voleurs, pour arrêter la malle-poste, qui, malgré leur ordre de faire halte, redoublait de vitesse, avaient été forcés de faire feu sur un cheval, — les compagnons de Jehu avaient cru devoir un dédommagement au maître de poste, et celui-ci avait reçu cinq cents francs en payement de son cheval tué.

C'était juste ce que le cheval avait coûté

huit jours auparavant, et cette estimation prouvait que l'on avait affaire à des gens qui se connaissaient en chevaux.

Les procès-verbaux dressés par les autorités locales étaient accompagnés des déclarations des voyageurs.

Bonaparte chantonnait cet air inconnu dont nous avons parlé; ce qui prouvait qu'il était furieux.

Aussi, comme de nouveaux renseignements devaient lui arriver avec Roland, avait-il répété trois fois à Roland d'entrer.

— Eh bien, lui dit-il, décidément ton département est en révolte contre moi; tiens, regarde.

Roland jeta un coup d'œil sur les papiers, et comprit.

— Justement, dit-il, je revenais pour vous parler de cela, mon général.

— Alors, parlons-en ; mais, d'abord, demande à Bourrienne mon atlas départemental.

Roland demanda l'atlas, et, devinant ce que désirait Bonaparte, l'ouvrit au département de l'Ain.

— C'est cela, dit Bonaparte ; montre-moi où les choses se sont passées.

Roland posa le doigt sur l'extrémité de la carte, du côté de Lyon.

— Tenez, mon général, voici l'endroit précis de la première attaque, ici, en face du village de Belignieux.

— Et la seconde ?

— A eu lieu ici, dit Roland reportant son doigt de l'autre côté du département, vers Genève ; voici le lac de Nantua, et voici celui de Silans.

— Maintenant, la troisième ?

Roland ramena son doigt vers le centre.

— Général, voici la place précise ; les Carronnières ne sont point marquées sur la carte, à cause de leur peu d'importance.

— Qu'est-ce que les Carronnières? demanda le premier consul.

— Général, on appelle Carronnières, chez nous, des fabriques de tuiles; elles appartiennent au citoyen Terrier : voici la place qu'elles devraient occuper sur la carte.

Et Roland indiqua, du bout d'un crayon qui laissa sa trace sur le papier, l'endroit précis où devait avoir eu lieu l'arrestation.

— Comment, dit Bonaparte, la chose s'est passée à une demi-lieue à peine de Bourg!

— A peine, oui, général; cela explique comment le cheval blessé a été ramené à

Bourg, et n'est mort que dans les écuries de la Belle-Alliance.

— Vous entendez tous ces détails, monsieur! dit Bonaparte en s'adressant au ministre de la police.

— Oui, citoyen premier consul, répondit celui-ci.

— Vous savez que je veux que les brigandages cessent.

— J'y ferai tous mes efforts.

— Il ne s'agit pas de faire tous vos efforts, il s'agit de réussir.

Le ministre s'inclina.

— Ce n'est qu'à cette condition, continua Bonaparte, que je reconnaîtrai que vous êtes véritablement l'homme habile que vous prétendez être.

— Je vous y aiderai, citoyen, dit Roland.

— Je n'osais vous demander votre concours, dit le ministre.

— Oui; mais, moi, je vous l'offre; ne faites rien que nous ne nous soyons concertés ensemble.

Le ministre regarda Bonaparte.

— C'est bien, dit Bonaparte, allez, Roland passera au ministère.

Le ministre salua et sortit.

— En effet, continua le premier consul, il y va de ton honneur d'exterminer ces bandits, Roland : d'abord, la chose se passe dans ton département; puis ils paraissent en vouloir particulièrement à toi et à ta famille.

— Au contraire, dit Roland, et voilà ce dont j'enrage, c'est qu'ils épargnent moi et ma famille.

— Revenons là-dessus, Roland ; chaque détail a son importance ; c'est la guerre de Bédouins que nous recommençons.

— Remarquez ceci, général : je vais passer une nuit à la chartreuse de Seillon, attendu, m'assure-t-on, qu'il y revient des fantômes. En effet, un fantôme m'apparaît, mais parfaitement inoffensif : je tire sur lui deux coups de pistolet, il ne se retourne même pas. Ma mère se trouve dans une diligence arrêtée, elle s'évanouit : un des voleurs a pour elle les soins les plus délicats, lui frotte les tempes avec du vinaigre et lui fait respirer des sels. Mon frère Édouard se défend autant qu'il est en lui : on le prend, on l'embrasse, on lui fait toutes sortes de compliments sur son courage ; peu s'en faut qu'on ne lui donne des bonbons en récompense de sa belle conduite. Tout au contraire, mon ami sir Jonh m'imite, va où j'ai été ; on le traite en espion et on le poignarde !

— Mais il n'en est pas mort ?

— Non ; tout au contraire, il se porte si bien, qu'il veut épouser ma sœur.

— Ah ! ah ! il a fait la demande ?

— Officielle.

— Et tu as répondu ?...

— J'ai répondu que ma sœur dépendait de deux personnes.

— Ta mère et toi, c'est trop juste.

— Non pas : ma sœur elle-même... et vous.

— Elle, je comprends ; mais moi ?

— Ne m'avez-vous pas dit, général, que vous vouliez la marier ?

Bonaparte se promena un instant les bras croisés et réfléchissant ; puis, tout à coup, s'arrêtant devant Roland :

— Qu'est-ce que ton Anglais ?

— Vous l'avez vu, général.

— Je ne parle pas physiquement ; tous les Anglais se ressemblent : des yeux bleus, les cheveux roux, le teint blanc et la mâchoire allongée.

— C'est le *the*, dit gravement Roland.

— Comment, le thé ?

— Oui ; vous avez appris l'anglais, général ?

— C'est-à-dire que j'ai essayé de l'apprendre.

— Votre professeur a dû vous dire alors que le *the* se prononçait en appuyant la langue contre les dents; eh bien! à force de prononcer le *the*, et, par conséquent, de repousser leurs dents avec leur langue, les Anglais finissent par avoir cette mâchoire allongée qui, comme vous le disiez tout à l'heure, est un des caractères distinctifs de leur physionomie.

Bonaparte regarda Roland pour savoir si l'éternel railleur riait ou parlait sérieusement.

Roland demeura imperturbable.

— C'est ton opinion? dit Bonaparte.

— Oui, général, et je crois que, physiologiquement, elle en vaut bien une autre; j'ai une foule d'opinions comme celle-là que je mets au jour au fur et à mesure que l'occasion s'en présente.

— Revenons à ton Anglais.

— Volontiers, général.

— Je te demandais ce qu'il était.

— Mais c'est un excellent gentleman : très brave, très calme, très impassible, très noble, très riche, et de plus, — ce qui n'est probablement pas une recommandation pour vous, — neveu de lord Grenville, premier ministre de Sa Majesté Britannique.

— Tu dis ?

— Je dis premier ministre de Sa Majesté Britannique.

Bonaparte reprit sa promenade, et, revenant à Roland :

— Puis-je le voir, ton Anglais ?

— Vous savez bien, mon général, que vous pouvez tout.

— Où est-il ?

— A Paris.

— Va le chercher et amène-le-moi.

Roland avait l'habitude d'obéir sans répliquer ; il prit son chapeau et s'avança vers la porte.

— Envoie-moi Bourrienne, dit le premier consul au moment où Roland passait dans le cabinet de son secrétaire.

Cinq secondes après que Roland avait disparu, Bourrienne paraissait.

— Asseyez-vous là, Bourrienne, dit le premier consul, et écrivez.

Bourrienne s'assit, prépara son papier, trempa sa plume dans l'encre et attendit.

— Y êtes-vous ? demanda Bonaparte en s'asseyant sur le bureau même où écrivait Bourrienne ; ce qui était encore une de ses habitudes, habitude qui désespérait le secrétaire, Bonaparte ne cessant point de se balancer pendant tout le temps qu'il dictait, et, par ce balancement, agitant le bureau de la même façon à peu près que s'il eût été au beau milieu de l'Océan sur une mer houleuse.

— J'y suis, répondit Bourrienne, qui avait fini par se faire, tant bien que mal, à toutes les excentricités du premier consul.

— Alors, écrivez.

Et il dicta :

« Bonaparte premier consul de la République, à Sa Majesté le roi de la Grande-Bretagne et d'Irlande.

» Appelé par le vœu de la nation française à occuper la première magistrature de la République, je crois convenable d'en faire directement part à Votre Majesté.

» La guerre qui, depuis huit ans, ravage les quatre parties du monde, doit-elle être éternelle ? N'est-il donc aucun moyen de s'entendre ?

» Comment les deux nations les plus éclairées de l'Europe, puissantes et fortes toutes deux plus que ne l'exigent leur sûreté et leur indépendance, peuvent-elles sacrifier à des idées de vaine grandeur ou à des antipathies mal raisonnées le bien du commerce, la prospérité intérieure, le bonheur des familles ? comment ne sentent-elles pas que la paix est le premier des besoins comme la première des gloires ?

» Ces sentiments ne sauraient être étrangers au cœur de Votre Majesté, qui gouverne une nation libre dans le seul but de la rendre heureuse.

» Votre Majesté ne verra dans cette ouverture que mon désir sincère de contribuer efficacement, pour la seconde fois, à la pacification générale par une démarche prompte, toute de confiance et dégagée de ces formes, qui, nécessaires peut-être pour déguiser la dépendance des États faibles, ne décèlent dans les États forts que le désir mutuel de se tromper.

» La France et l'Angleterre, par l'abus de leurs forces, peuvent longtemps encore, pour le malheur de tous les peuples, en retarder l'épuisement; mais, j'ose le dire, le sort de toutes les nations civilisées est attaché à la fin d'une guerre qui embrase le monde entier. »

Bonaparte s'arrêta.

— Je crois que c'est bien ainsi, dit-il; relisez-moi cela, Bourienne.

Bourienne lut la lettre qu'il venait d'écrire.

Après chaque paragraphe, le premier consul approuvait de la tête, en disant :

— Allez !

Avant même les derniers mots, il prit la lettre des mains de Bourrienne et signa avec une plume neuve.

C'était son habitude de ne se servir qu'une fois de la même plume ; rien ne lui était plus désagréable qu'une tache d'encre aux doigts.

— C'est bien, dit-il ; cachetez et mettez l'adresse : *A lord Grenville*.

Bourrienne fit ce qui lui était recommandé.

En ce moment, on entendit le bruit d'une voiture qui s'arrêtait dans la cour du Luxembourg.

Puis, un instant après, la porte s'ouvrit et Roland parut.

— Eh bien ? demanda Bonaparte.

— Quand je vous disais que vous pouviez tout ce que vous vouliez, général.

— Tu as ton Anglais ?

— Je l'ai rencontré au carrefour Buci, et, sachant que vous n'aimiez pas à attendre, je l'ai pris tel qu'il était et l'ai forcé de monter en voiture. Par ma foi !

un instant j'ai cru que je serais obligé de le faire conduire ici par le poste de la rue Mazarine ; il est en bottes et en redingote.

— Qu'il entre, dit Bonaparte.

— Entrez, milord, fit Roland en se retournant.

Lord Tanlay parut sur le seuil de la porte.

Bonaparte n'eut besoin que de jeter un coup d'œil sur lui pour reconnaître le parfait gentleman.

Un peu d'amaigrissement, un reste de pâleur, donnaient à sir John tous les caractères d'une haute distinction.

Il s'inclina et attendit la présentation, en véritable Anglais qu'il était.

— Général, dit Roland, j'ai l'honneur de vous présenter sir John Tanlay, qui voulait, pour avoir l'honneur de vous voir, aller jusqu'à la troisième cataracte, et qui, aujourd'hui, se fait tirer l'oreille pour venir jusqu'au Luxembourg.

- Venez, milord, venez, dit Bonaparte; ce n'est ni la première fois que nous nous voyons, ni la première fois que j'exprime le désir de vous connaître ; il y avait presque de l'ingratitude à vous de refuser à mon désir.

— Si j'ai hésité, général, répondit sir

John en excellent français, selon son habitude, c'est que je ne pouvais croire à l'honneur que vous me faites.

— Et puis, tout naturellement et par sentiment national, vous me détestez, n'est-ce pas, comme tous vos compatriotes ?

— Je dois avouer, général, répondit sir John en souriant, qu'ils n'en sont encore qu'à l'admiration.

— Et partagez-vous cet absurde préjugé de croire que l'honneur national veut que l'on haïsse aujourd'hui l'ennemi qui peut être notre ami demain ?

— La France a presque été pour moi

une seconde patrie, général, et mon ami Roland vous dira que j'aspire au moment où, de mes deux patries, celle à qui je devrai le plus sera la France.

— Ainsi, vous verriez sans répugnance la France et l'Angleterre se donner la main pour le bonheur du monde?

— Le jour où je verrais cela serait pour moi un jour heureux.

— Et, si vous pouviez contribuer à amener ce résultat, vous y prêteriez-vous?

— J'y exposerais ma vie.

— Roland m'a dit que vous étiez parent de Grenville.

— Je suis son neveu.

— Etes-vous en bons termes avec lui ?

— Il aimait fort ma mère, qui était sa sœur aînée.

— Avez-vous hérité de la tendresse qu'il portait à votre mère ?

— Oui ; seulement, je crois qu'il la tient en réserve pour le jour où je rentrerai en Angleterre.

— Vous chargerez-vous de lui porter une lettre de moi ?

— Adressée à qui ?

— Au roi Georges III.

— Ce serait un grand honneur pour moi.

— Vous chargeriez-vous de dire de vive voix à votre oncle ce que l'on ne peut écrire dans une lettre ?

— Sans y changer un mot : les paroles du général Bonaparte sont de l'histoire.

— Eh bien! dites-lui...

Mais, s'interrompant en se tournant vers Bourrienne :

— Bourrienne, dit-il, cherchez-moi la dernière lettre de l'empereur de Russie.

Bourrienne ouvrit un carton, et, sans chercher, mit la main sur une lettre qu'il donna à Bonaparte.

Bonaparte jeta un coup d'œil sur la lettre, et la présentant à lord Tanlay :

— Dites-lui, reprit-il, d'abord et avant toute chose, que vous avez lu cette lettre.

Sir John s'inclina et lut :

« Citoyen premier consul,

» J'ai reçu, armés et habillés à neuf, chacun avec l'uniforme de son corps, les neuf mille Russes faits prisonniers en Hollande, et que vous m'avez envoyés sans rançon, sans échange, sans condition aucune.

» C'est de la pure chevalerie, et j'ai la prétention d'être un chevalier.

» Je crois que ce que je puis vous offrir de mieux, citoyen premier consul, en échange de ce magnifique cadeau, c'est mon amitié.

» La voulez-vous?

» Comme arrhes de cette amitié, j'envoie ses passeports à lord Whitworth, ambassadeur d'Angleterre à Saint-Pétersbourg.

» En outre, si vous voulez être, je ne

dirai pas même mon second, mais mon témoin, je provoque en duel personnel et particulier tous les rois qui ne prendront point parti contre l'Angleterre et qui ne lui fermeront pas leurs ports.

» Je commence par mon voisin, le roi de Danemark, et vous pouvez lire, dans la *Gazette de la Cour*, le cartel que je lui envoie.

» Ai-je encore autre chose à vous dire?

» Non.

» Si ce n'est qu'à nous deux nous pouvons faire la loi au monde.

» Et puis encore que je suis votre admirateur et sincère ami.

» PAUL. »

Lord Tanlay se retourna vers le premier consul.

— Vous savez que l'empereur de Russie est fou ? dit-il.

— Serait-ce cette lettre qui vous l'apprendrait, milord ? demanda Bonaparte.

— Non, mais elle me confirme dans mon opinion.

— C'est d'un fou que Henri VI de Lancastre a reçu la couronne de saint Louis, et le blason d'Angleterre, — jusqu'au moment où je les y gratterai avec mon épée, — porte encore les fleurs de lis de la France.

Sir John sourit; son orgueil national se révoltait à cette prétention du vainqueur des Pyramides.

— Mais, reprit Bonaparte, il n'est point question de cela aujourd'hui, et chaque chose viendra en son temps.

— Oui, murmura sir John, nous sommes encore trop près d'Aboukir.

— Oh! ce n'est pas sur mer que je vous battrai, dit Bonaparte : il me faudrait cinquante ans pour faire de la France une nation maritime ; c'est là-bas...

Et, de sa main, il montra l'Orient.

— Pour le moment, je vous le répète, il s'agit, non pas de guerre, mais de paix : j'ai besoin de la paix pour accomplir le rêve que je fais, et surtout de la paix avec l'Angleterre. Vous voyez que je joue cartes sur table : je suis assez fort pour être franc. Le jour où un diplomate dira la vérité, ce sera le premier diplomate du monde, attendu que personne ne le croira, et que, dès-lors, il arrivera sans obstacle à son but.

— J'aurai donc à dire à mon oncle que vous voulez la paix ?

— Tout en lui disant que je ne crains pas la guerre. Ce que je ne fais pas avec le roi Georges, vous le voyez, je puis le faire avec l'empereur Paul ; mais la Russie n'en est pas au point de civilisation où je la voudrais pour en faire une alliée.

— Un instrument vaut quelquefois mieux qu'un allié.

— Oui ; mais, vous l'avez dit, l'empereur est fou, et, au lieu d'armer les fous, milord, mieux vaut les désarmer. Je vous dis donc que deux nations comme la France et l'Angleterre doivent être deux amies inséparables ou deux ennemies acharnées : amies, elles sont les deux pôles de la terre, équilibrant son mouvement par un poids égal ; ennemies, il faut que l'une détruise l'autre et se fasse l'axe du monde.

— Et si lord Grenville, sans douter de votre génie, doutait de votre puissance; s'il est de l'avis de notre poète Coleridge, s'il croit que l'Océan au rauque murmure garde son île et lui sert de rempart, que lui dirai-je?

— Déroulez-nous une carte du monde, Bourrienne, dit Bonaparte.

Bourrienne déroula une carte; Bonaparte s'en approcha.

— Voyez-vous ces deux fleuves? dit-il.

Et il montrait à sir John le Volga et le Danube.

— Voilà la route de l'Inde, ajouta-t-il.

— Je croyais que c'était l'Égypte, général, dit sir John.

— Je l'ai cru un instant comme vous, ou plutôt, j'ai pris celle-là parce que je n'en avais pas d'autre. Le czar m'ouvre celle-ci ; que votre gouvernement ne me force point à la prendre ! Me suivez-vous ?

— Oui, citoyen ; marchez devant.

— Eh bien, si l'Angleterre me force à la combattre, si je suis obligé d'accepter l'alliance du successeur de Catherine, voici ce que je fais : j'embarque quarante mille Russes sur le Volga ; je leur fais descendre le fleuve jusqu'à Astrakan ; ils traversent la mer Caspienne et vont m'attendre à Asterabad

Sir John s'inclina en signe d'attention profonde

Bonaparte continua.

— J'embarque quarante mille Français sur le Danube.

— Pardon, citoyen premier consul, mais le Danube est un fleuve autrichien.

— J'aurai pris Vienne.

Sir John regarda Bonaparte.

— J'aurai pris Vienne, continua celui-ci. J'embarque donc quarante mille Français sur le Danube; je trouve, à son embouchure, des vaisseaux russes qui les transportent jusqu'à Taganrog; je leur fais remonter par terre le cours du Don jusqu'à Pratisbiankaïa, d'où ils se portent à Tzaritsin; là, ils descendent le Volga à leur tour avec les mêmes bâtiments qui ont conduit les quarante mille Russes à Asterabad; quinze jours après, j'ai quatre-vingt mille hommes dans la Perse occidentale. D'Asterabad, les deux corps réunis se porteront sur l'Indus, la Perse, ennemie de l'Angleterre, est notre alliée naturelle.

— Oui; mais, une fois dans le Penjab,

l'alliance perse vous manque, et une armée de quatre-vingt mille hommes ne traîne point facilement avec elle ses approvisionnements.

— Vous oubliez une chose, dit Bonaparte, comme si l'expédition était faite, c'est que j'ai laissé des banquiers à Téhéran et à Caboul; or, rappelez-vous ce qui arriva, il y a neuf ans, dans la guerre de lord Cornwallis contre Tippo-Saïb : le général en chef manquait de vivres; un simple capitaine... je ne me rappelle plus son nom...

— Le capitaine Malcolm, fit lord Tanlay.

— C'est cela, s'écria Bonaparte, vous savez l'affaire! Le capitaine Malcolm eut recours à la caste des brinjaries, ces bohémiens de l'Inde, qui couvrent de leurs campements la péninsule hindoustanique, où ils font exclusivement le commerce de grains ; eh bien, ces bohémiens sont, à ceux qui les payent, fidèles jusqu'au dernier sou : ce sont eux qui me nourriront.

— Il faudra passer l'Indus.

— Bon ! dit Bonaparte, j'ai soixante lieues de développement entre Déra-Ismaël-Khan et Attok ; je connais l'Indus comme la Seine : c'est un fleuve lent qui fait une lieue à l'heure, dont la profondeur moyenne, là où je dis, est de douze à quinze pieds et qui a dix gués peut-être sur ma ligne d'opération.

— Ainsi votre ligne d'opération est déjà tracée? demanda sir John en souriant.

— Oui, attendu qu'elle se déploie devant un massif non interrompu de provinces fertiles et bien arrosées; attendu qu'en l'abordant je tourne les déserts sablonneux qui séparent la vallée inférieure de l'Indus du Rajepoutanah; attendu, enfin, que c'est sur cette base que se sont faites toutes les invasions de l'Inde qui ont eu quelques succès depuis Mahmoud de Ghizni, en l'an 1000, jusqu'à Nadir-Schah, en 1739 : et combien entre ces deux époque sont fait la route que je compte faire! passons-les en revue... Après Mahmoud de Ghizni, Mahomet-Gouri, en 1184, avec cent vingt mille hommes ; après Mahomet-Gouri, Timour-Lung ou Timour le Boiteux, dont nous avons fait Tamerlan, avec soixante mille hommes; après Timour-Lung, Babour; après Babour, Humayoun ; que sais-je, moi ! L'Inde n'est-elle pas à qui veut ou à qui sait la prendre?

— Vous oubliez, citoyen premier consul, que tous ces conquérants que vous venez de nommer n'ont eu affaire qu'aux peuplades indigènes, tandis que vous aurez affaire aux Anglais, vous. Nous avons dans l'Inde...

— Vingt à vingt-deux mille hommes.

— Et cent mille cipayes.

— J'ai fait le compte de chacun, et je traite l'Angleterre et l'Inde, l'une avec le respect, l'autre avec le mépris qu'elle mérite : partout où je trouve l'infanterie européenne, je prépare une seconde, une troisième, s'il le faut une quatrième ligne de réserve, supposant que les trois premières peuvent plier sous la baïonnette anglaise ; mais partout où je ne rencontre que des cipayes, des fouets de poste pour cette canaille, c'est tout ce qu'il me faut. Avez-vous encore quelques questions à me faire, milord?

— Une seule, citoyen premier consul : désirez-vous sérieusement la paix?

— Voici la lettre par laquelle je la demande à votre roi, milord ; et c'est pour être bien sûr qu'elle sera remise à Sa Majesté Britannique, que je prie le neveu de lord Grenville d'être mon messager.

— Il sera fait selon votre désir, citoyen; et, si j'étais l'oncle au lieu d'être le neveu, je promettrais davantage.

— Quand pouvez-vous partir ?

— Dans une heure, je serai parti.

— Vous n'avez aucun désir à m'exprimer avant votre départ ?

— Aucun. En tout cas, si j'en avais, je laisse mes pleins pouvoirs à mon ami Roland.

— Donnez-moi la main, milord; ce

sera de bon augure, puisque nous représentons, vous l'Angleterre, et moi la France.

Sir John accepta l'honneur que lui faisait Bonaparte, avec cette exacte mesure qui indiquait à la fois sa sympathie pour la France et ses réserves pour l'honneur national.

Puis, ayant serré celle de Roland avec une effusion toute fraternelle, il salua une dernière fois le premier consul, et sortit.

Bonaparte le suivit des yeux, parut réfléchir un instant; puis, tout à coup :

— Roland, dit-il, non-seulement je consens au mariage de ta sœur avec lord Tanlay, mais encore je le désire : tu entends? je le désire.

Et il pesa tellement sur chacun de ces trois mots, qu'ils signifièrent clairement, pour quiconque connaissait le premier consul, non plus « je le désire, » mais « je le veux. »

La tyrannie était douce pour Roland ; aussi l'accepta-t-il avec un remercîment plein de reconnaissance.

XIV

Les deux signaux.

Disons ce qui se passait au château des Noires-Fontaines, trois jours après que les évènements que nous venons de raconter se passaient à Paris.

Depuis que successivement, Roland

d'abord, puis madame de Montrevel et son fils, et enfin, sir John avaient pris la route de Paris, — Roland pour rejoindre son général, madame de Montrevel pour conduire Édouard au collége, et sir John pour faire à Roland ses ouvertures matrimoniales, — Amélie était restée seule avec Charlotte au château des Noires-Fontaines.

Nous disons *seule*, parce que Michel et son fils Jacques n'habitaient pas précisément le château : ils logeaient dans un petit pavillon attenant à la grille; ce qui adjoignait pour Michel les fonctions de concierge à celles de jardinier.

Il en résultait que, le soir, — à part la

chambre d'Amélie, située, comme nous l'avons dit, au premier étage sur le jardin, et celle de Charlotte, située dans les mansardes au troisième, — les trois rangs de fenêtres du château restaient dans l'obscurité.

Madame de Montrevel avait emmené avec elle la seconde femme de chambre.

Les deux jeunes filles étaient peut-être bien isolées dans ce corps de bâtiment, se composant d'une douzaine de chambres et de trois étages, surtout au moment où la rumeur publique signalait tant d'arrestations sur les grandes routes ; aussi Michel avait-il offert à sa jeune maîtresse de coucher dans le corps de logis principal, afin d'être à même de lui porter secours en cas de besoin ; mais celle-ci avait, d'une voix ferme, déclaré qu'elle n'avait pas peur et qu'elle désirait que rien ne fût changé aux dispositions habituelles du château.

Michel n'avait point autrement insisté et s'était retiré tout en disant que, du reste, mademoiselle pouvait dormir tranquille, et que lui et Jacques feraient des rondes autour du château.

Ces rondes de Michel avaient paru un instant inquiéter Amélie; mais elle avait bientôt reconnu que Michel se bornait à aller, avec Jacques, se mettre à l'affût sur la lisière de la forêt de Seillon, et la fréquente apparition sur la table, ou d'un râble de lièvre ou d'un cuissot de chevreuil, prouvait que Michel tenait sa parole à l'endroit des rondes promises.

Amélie avait donc cessé de s'inquiéter de ces rondes de Michel, qui avaient lieu justement du côté opposé à celui où elle avait craint d'abord qu'il ne les fît.

Or, comme nous l'avons dit, trois jours après les évènements que nous venons de raconter, ou, pour parler plus correctement, pendant la nuit qui suivit ce troisième jour, ceux qui étaient habitués à ne voir de lumière qu'à deux fenêtres du château des Noires-Fontaines, c'est-à-dire à la fenêtre d'Amélie, au premier étage, et à la fenêtre de Charlotte au troisième, eussent pu remarquer avec étonnement que, de onze heures du soir à minuit, les quatre fenêtres du premier étaient éclairées.

Il est vrai que chacune d'elles n'était éclairée que par une seule bougie.

Ils eussent pu voir encore la forme d'une jeune fille qui, à travers son rideau, fixait les yeux dans la direction du village de Ceyzeriat.

Cette jeune fille, c'était Amélie, — Amélie pâle, la poitrine oppressée, et paraissant attendre anxieusement un signal.

Au bout de quelques minutes, elle s'essuya le front et respira presque joyeusement.

Un feu venait de s'allumer dans la direction où se perdait son regard.

Aussitôt elle passa de chambre en chambre, et éteignit les unes après les autres les trois bougies, ne laissant vivre et brûler que celle qui se trouvait dans sa chambre.

Comme si le feu n'eût attendu que cette obscurité, il s'éteignit à son tour.

Amélie s'assit près de sa fenêtre, et demeura immobile, les yeux fixés sur le jardin.

Il faisait une nuit sombre, sans étoiles, sans lune, et cependant, au bout d'un quart d'heure, elle vit, ou plutôt elle devina une ombre qui traversait la pelouse et s'approchait du château.

Elle plaça son unique bougie dans l'angle le plus reculé de la chambre et revint ouvrir sa fenêtre.

Celui qu'elle attendait était déjà sur le balcon.

Comme la première nuit où nous l'avons vu faire cette escalade, il enveloppa de son bras la taille de la jeune fille et l'entraîna dans la chambre.

Mais celle-ci opposa une légère résistance ; elle cherchait de la main la cordelette de la jalousie : elle la détacha du clou qui la retenait, et la jalousie retomba avec plus de bruit que la prudence ne l'eût peut-être voulu.

Derrière la jalousie, elle ferma la fenêtre.

Puis elle alla chercher la bougie dans l'angle où elle l'avait cachée.

La bougie alors éclaira son visage.

Le jeune homme jeta un cri d'effroi : le visage d'Amélie était couvert de larmes.

— Qu'est-il donc arrivé ? demanda-t-il.

— Un grand malheur! dit la jeune fille.

— Oh! je m'en suis douté en voyant le signal par lequel tu me rappelais, m'ayant reçu la nuit dernière... Mais, dis, ce malheur est-il irréparable?

— A peu près, répliqua Amélie.

— Au moins, j'espère, ne menace-t-il que moi?

— Il nous menace tous deux.

Le jeune homme passa sa main sur son front pour en essuyer la sueur.

— Allons, fit-il, j'ai de la force.

— Si tu as la force d'écouter tout, je n'ai point celle de tout te dire.

Alors, prenant une lettre sur la cheminée :

— Lis, dit-elle ; voici ce que j'ai reçu par le courrier du soir.

Le jeune homme prit la lettre, et, l'ouvrant courut à la signature.

— Elle est de madame de Montrevel, dit-il.

— Oui, avec un post-scriptum de Roland.

Le jeune homme lut :

« Ma fille bien-aimée,

» Je désire que la nouvelle que je t'annonce te cause une joie égale à celle qu'elle m'a faite et qu'elle fait à notre cher Roland. Sir John, à qui tu contestais un cœur et que tu prétendais être une mécanique sortie des ateliers de Vaucanson, reconnaît qu'on eût eu parfaitement raison de le juger ainsi jusqu'au jour où il t'a vue; mais il soutient que, depuis ce jour, il a véritablement un cœur, et que ce cœur t'adore.

» T'en serais-tu doutée, ma chère Amélie, à ses manières aristocratiquement polies, mais où l'œil même de ta mère n'avait rien reconnu de tendre?

» Ce matin, en déjeûnant avec ton frère, il lui a fait la demande officielle de ta main. Ton frère a accueilli cette ouverture avec joie ; cependant il n'a rien promis d'abord. Le premier consul, avant le départ de Roland pour la Vendée, avait déjà parlé de se charger de ton établissement ; mais voilà que le premier consul a désiré voir lord Tanlay, qu'il l'a vu, et que lord Tanlay, du premier coup, tout en faisant ses réserves nationales, est entré dans les bonnes grâces du premier consul, au point que celui-ci l'a chargé, séance tenante, d'une mission pour son oncle lord Grenville. Lord Tanlay est parti à l'instant même pour l'Angleterre.

» Je ne sais combien de jours sir John restera absent ; mais, à coup sûr, à son retour, il demandera la permission de se présenter devant toi comme ton fiancé.

» Lord Tanlay est jeune encore, d'une figure agréable, immensément riche; il est admirablement apparenté en Angleterre; il est l'ami de Roland. Je ne sais pas d'homme qui ait plus de droits, je ne dirai point à ton amour, ma chère Amélie, mais à ta profonde estime.

» Maintenant, tout le reste en deux mots.

» Le premier consul est toujours parfaitement bon pour moi et pour tes deux frères, et madame Bonaparte m'a fait entendre qu'elle n'attendait que ton mariage pour t'appeler près d'elle.

» Il est question de quitter le Luxembourg et d'aller demeurer aux Tuileries.

Comprends-tu toute la portée de ce changement de domicile?

» Ta mère, qui t'aime,

» Clotilde de Montrevel. »

Sans s'arrêter, le jeune homme passa au post-scriptum de Roland.

Il était conçu en ces termes :

« Tu as lu, chère petite sœur, ce que t'écrit notre bonne mère. Ca mariage est convenable sous tous les rapports. Il ne s'agit point ici de faire la petite fille; le premier consul *désire* que tu sois lady Tanlay, c'est-à-dire qu'il *le veut*.

» Je quitte Paris pour quelques jours ;

mais, si je ne te vois pas, tu entendras parler de moi.

» Je t'embrasse.

» ROLAND. »

— Eh bien, Charles, demanda Amélie, lorsque le jeune homme eut fini sa lecture, que dis-tu de cela ?

— Que c'était une chose à laquelle nous devions nous attendre d'un jour à l'autre, mon pauvre ange, mais qui n'en est pas moins terrible.

— Que faire ?

— Il y a trois choses a faire.

— Dis.

― Avant tout, résiste, si tu en as la force ; c'est le plus court et le plus sûr.

Amélie baissa la tête.

— Tu n'oseras jamais, n'est-ce pas ?

— Jamais.

— Cependant tu es ma femme, Amélie. Un prêtre a béni notre union.

— Mais ils disent que ce mariage est nul devant la loi, parce qu'il n'a été que béni par un prêtre.

— Et toi, dit Montrevel, toi, l'épouse d'un proscrit, cela ne te suffit pas ?

En parlant ainsi, sa voix tremblait.

Amélie eut un élan pour se jeter dans ses bras.

— Mais ma mère! dit-elle. Nous n'avions pas la présence et la bénédiction de ma mère.

— Parce qu'il y avait des risques à courir et que nous avons voulu les courir seuls.

— Et cet homme, surtout... N'as-tu pas entendu que mon frère dit *qu'il veut*?

— Oh! si tu m'aimais, Amélie, cet homme verrait bien qu'il peut changer la face d'un État, porter la guerre d'un bout du monde à l'autre, fonder une législation, bâtir un trône, mais qu'il ne peut forcer une bouche à dire oui lorsque le cœur dit non.

— Si je t'aimais! dit Amélie du ton d'un doux reproche. Il est minuit, tu es dans ma chambre, je pleure dans tes bras, je suis la fille du général de Montrevel, la sœur de Roland, et tu dis : « Si tu m'aimais! »

— J'ai tort, j'ai tort, mon adorée Amélie; oui, je sais que tu es élevée dans l'adoration de cet homme ; tu ne comprends pas que l'on puisse lui résister, et quiconque lui résiste, est à tes yeux un rebelle.

— Charles, tu as dit que nous avions

trois choses à faire ; quelle est la seconde ?

— Accepter en apparence l'union qu'on te propose, mais gagner du temps en la retardant sous toutes sortes de prétextes. L'homme n'est pas immortel.

— Non ; mais il est bien jeune pour que nous comptions sur sa mort. La troisième chose, mon ami ?

— Fuir... mais, à cette ressource extrême, Amélie, il y a deux obstacles : tes répugnances d'abord.

— Je suis à toi, Charles ; ces répugnances, je les surmonterai.

— Puis, ajouta le jeune homme, mes engagements.

— Tes engagements ?

— Mes compagnons sont liés à moi, Amélie ; mais je suis lié à eux. Nous aussi, nous avons un homme dont nous relevons, un homme à qui nous avons juré obéissance. Cet homme, c'est le futur roi de France. Si tu admets le dévoûment de ton frère à Bonaparte, admets le nôtre à Louis XVIII.

Amélie laissa tomber sa tête dans ses mains en poussant un soupir.

— Alors, dit-elle, nous sommes perdus.

— Pourquoi cela ? Sous différents prétextes, sous celui de ta santé surtout, tu peux gagner un an ; avant un an, il sera obligé de recommencer une guerre en Italie probablement ; une seule défaite lui ôte tout son prestige ; enfin, en un an, il se passe bien des choses.

— Tu n'as donc pas lu le post-scriptum de Roland, Charles ?

— Si fait ; mais je n'y vois rien de plus que dans la lettre de ta mère.

— Relis la dernière phrase.

Et Amélie remit la lettre sous les yeux du jeune homme.

Il lut :

» Je quitte Paris pour quelques jours ; mais, si tu ne me vois pas, tu entendras parler de moi. »

— Eh bien ?

— Sais-tu ce que cela veut dire ?

— Non.

— Cela veut dire que Roland est à ta poursuite.

— Qu'importe, puisqu'il ne peut mourir de la main d'aucun de nous !

— Mais, toi, malheureux, tu peux mourir de la sienne !

— Crois-tu que je dusse lui en vouloir beaucoup s'il me tuait, Amélie ?

— Oh! cela ne s'était point encore présenté à mon esprit, dans mes craintes les plus sombres.

— Ainsi, tu crois ton frère en chasse de nous?

— J'en suis sûre.

— D'où te vient cette certitude?

— Sur sir John mourant et qu'il croyait mort, il a juré de le venger.

— S'il eût été mort au lieu d'être mourant, fit le jeune homme avec amertume, nous ne serions pas où nous en sommes, Amélie.

— Dieu l'a sauvé, Charles; il était donc bon qu'il ne mourût pas.

— Pour nous ?...

— Je ne sonde pas les desseins du Seigneur. Je te dis, mon Charles bien-aimé, garde-toi de Roland ; Roland est près d'ici.

Charles sourit d'un air de doute.

—Je te dis qu'il est non-seulement près d'ici, mais ici ; on l'a vu.

— On l'a vu ! où ? qui ?

— Qui l'a vu ?

— Oui.

— Charlotte, la femme de chambre, la fille du concierge de la prison ; elle m'avait demandé la permission d'aller visiter ses parents hier dimanche : je devais le voir, je lui ai donné congé jusqu'à ce matin.

— Eh bien?

— Elle a donc passé la nuit chez ses parents. A onze heures, le capitaine de gendarmerie est venu amener des prisonniers. Tandis qu'on les écrouait, un homme est arrivé enveloppé d'un manteau, et a demandé le capitaine. Charlotte a cru reconnaître la voix du nouvel arrivant; elle a regardé avec attention, et, dans un moment où le manteau s'est écarté du visage, elle a reconnu mon frère.

Le jeune homme fit un mouvement.

— Comprends-tu, Charles? mon frère qui vient ici, à Bourg; qui y vient mystérieusement, sans me prévenir de sa présence; mon frère qui demande le capitaine de gendarmerie, qui le suit jusque dans la prison, qui ne parle qu'à lui et qui disparaît? N'est-ce point une menace terrible pour mon amour, dis?

Et, en effet, au fur et à mesure qu'Amélie parlait, le front de son amant se couvrait d'un nuage sombre.

— Amélie, dit-il, quand nous nous sommes faits ce que nous sommes, nul de nous ne s'est dissimulé les périls qu'il courait.

— Mais, au moins, demanda Amélie,

vous avez changé d'asile, vous avez abandonné la chartreuse de Seillon ?

— Nos morts seuls y sont restés et l'habitent à cette heure.

— Est-ce un asile bien sûr que la grotte de Ceyzeriat ?

— Aussi sûr que peut l'être tout asile ayant deux issues.

— La chartreuse de Seillon aussi avait deux issues, et cependant, tu le dis, vous y avez laissé vos morts.

— Les morts sont plus en sûreté que les vivants : ils sont certains de ne pas mourir sur l'échafaud.

Amélie sentit un frisson lui passer par tout le corps.

— Charles ! murmura-t-elle.

— Écoute, dit le jeune homme, Dieu m'est témoin, et toi aussi, que j'ai toujours, dans nos entrevues, mis mon sourire et ma gaîté entre tes pressentiments et mes craintes ; mais aujourd'hui l'aspect des choses a changé ; nous arrivons en face de la lutte. Quel qu'il soit, nous approchons du dénoûment ; je ne te demande point, mon Amélie, ces choses folles et égoïstes que les amants menacés d'un grand danger exigent de leurs maîtresses, je ne te demande pas de garder ton cœur au mort, ton amour au cadavre...

— Ami, fit la jeune fille en lui posant la main sur le bras, prends garde, tu vas douter de moi.

— Non : je te fais le mérite plus grand en te laissant libre d'accomplir le sacrifice dans toute son étendue ; mais je ne veux pas qu'aucun serment te lie, qu'aucun lien t'étreigne.

— C'est bien, fit Amélie.

— Ce que je te demande, continua le jeune homme, ce que tu vas me jurer sur notre amour, hélas ! si funeste pour toi, c'est que, si je suis arrêté, si je suis désarmé, si je suis emprisonné, condamné à mort, ce que je te demande, ce que j'exige de toi, Amélie, c'est que, par tous les moyens possibles, tu me fasses passer des armes, non-seulement pour moi, mais encore pour mes compagnons, afin que nous soyons toujours maîtres de notre vie.

— Mais alors, Charles, ne me permettrais-tu pas de tout dire, d'en appeler à la tendresse de mon frère, à la générosité du premier consul ?

La jeune fille n'acheva point, son amant lui saisissait violemment le poignet :

— Amélie, lui dit-il, ce n'est plus un serment, ce sont deux serments que je te demande. Tu vas me jurer d'abord, et avant tout, que tu ne solliciteras point ma grâce. Jure, Amélie, jure !

— Ai-je besoin de jurer, ami? dit la jeune fille en éclatant en sanglots; je te le promets.

— Sur le moment où je t'ai dit que je t'aimais, sur celui où tu m'as répondu que j'étais aimé?

— Sur la vie, sur la mienne, sur le passé, sur l'avenir, sur nos sourires, sur nos larmes!

— C'est que je n'en mourrais pas moins, vois-tu, Amélie, dussé-je me briser la tête contre la muraille; seulement je mourrais déshonoré.

— Je te le promets, Charles.

— Reste ma seconde prière, Amélie : si nous sommes pris et condamnés, des armes ou du poison, enfin un moyen de mourir, un moyen quelconque ! Me venant de toi, la mort me sera encore un bonheur.

— De près ou de loin, libre ou prisonnier, vivant ou mort, tu es mon maître, je suis ton esclave ; ordonne et je t'obéirai.

— Voilà tout, Amélie ; tu le vois, c'est simple et clair : point de grâce, et des armes.

— Simple et clair, mais terrible.

— Et cela sera ainsi, n'est-ce pas ?

— Tu le veux ?

— Je t'en suppie.

— Ordre ou prière, mon Charles, ta volonté sera faite.

Le jeune homme soutint de son bras gauche la jeune fille, qui semblait près de s'évanouir, et rapprocha sa bouche de la sienne.

Mais, au moment où leurs lèvres allaient se toucher, le cri de la chouette se fit entendre si près de la fenêtre, qu'Amélie tressaillit, et que Charles releva la tête.

Le cri se fit entendre une seconde fois, puis une troisième.

— Ah! murmura Amélie, reconnais-tu

le cri de l'oiseau de mauvais augure ! Nous sommes condamnés, mon ami.

Mais Charles secoua la tête.

— Ce n'est point le cri de la chouette, Amélie, dit-il : c'est l'appel de l'un de mes compagnons. Éteins la bougie.

Amélie souffla sur la lumière, tandis que son amant ouvrait la fenêtre.

— Ah ! jusqu'ici ! murmura-t-elle ; on vient te chercher jusqu'ici !

— Oh ! c'est notre ami, notre confident, le comte de Jayat ; nul autre que lui ne sait où je suis.

Puis, du balcon :

— Est-ce toi, Monbar? demanda-t-il.

— Oui ; est-ce toi, Morgan ?

— Oui.

Un homme sortit d'un massif d'arbres.

Nouvelles de Paris; pas un instant à perdre : il y va de notre vie à tous.

— Tu entends, Amélie?

Et, prenant la jeune fille dans ses bras, il la serra convulsivement contre son cœur.

— Va, dit-elle d'une voix mourante, va ; n'as-tu pas entendu qu'il s'agissait de votre vie à tous ?

— Adieu, mon Amélie bien-aimée, adieu !

— Oh ! ne dis pas adieu !

— Non, non, au revoir.

— Morgan ! Morgan ! dit la voix de celui qui attendait au bas du balcon.

Le jeune homme appuya une dernière fois ses lèvres sur celles d'Amélie, et, s'élançant vers la fenêtre, il enjamba le balcon, et, d'un seul bond, se trouva près de son ami.

Amélie poussa un cri et s'avança jusqu'à la balustrade ; mais elle vit plus que deux ombres qui se perdaient dans les ténèbres, rendues plus épaisses par le voisinage des grands arbres qui formaient le parc.

CINQUIÈME PARTIE

I

La grotte de Ceyzeriat.

Les deux jeunes gens s'enfoncèrent sous l'ombre des grands arbres; Morgan guida son compagnon, moins familier que lui avec les détours du parc, et le conduisit juste à l'endroit où il avait l'habitude d'escalader le mur.

Il ne fallut qu'une seconde à chacun d'eux pour accomplir cette opération.

Un instant après, ils étaient sur les bords de la Reissouse.

Un bateau attendait au pied d'un saule.

Ils s'y jetèrent tous deux, et, en trois coups d'aviron, touchèrent l'autre bord.

Un sentier côtoyait la berge de la rivière et conduisait à un petit bois qui s'étend de Ceyzeriat à Étrez, c'est-à-dire sur une longueur de trois lieues, faisant ainsi, de l'autre côté de la Reissouse, le pendant de la forêt de Seillon.

Arrivés à la lisière du bois, ils s'arrêtèrent ; jusque-là, ils avaient marché aussi rapidement qu'il est possible de le faire sans courir, et ni l'un ni l'autre n'avaient prononcé une parole.

Toute la route parcourue était déserte; il était probable, certain même, qu'on n'avait été vu de personne.

On pouvait donc respirer.

— Où sont les compagnons? demanda Morgan.

— Dans la grotte, répondit Montbar.

— Et pourquoi ne nous y rendons-nous pas à l'instant même?

— Parce qu'au pied de ce hêtre nous

devons trouver un des nôtres qui nous dira si nous pouvons aller plus loin sans danger.

— Lequel?

— D'Assas.

Une ombre apparut derrière l'arbre et s'en détacha.

— Me voici, dit l'ombre.

— Ah! c'est toi, firent les deux jeunes gens.

— Quoi de nouveau? demanda Montbar.

— Rien; on vous attend pour prendre une décision.

— En ce cas, allons vite.

Les trois jeunes gens reprirent leur course. Au bout de trois cents pas, Montbar s'arrêtait de nouveau.

— Armand ! fit-il à demi-voix.

A cet appel, on entendit le froissement des feuilles sèches, et une quatrième ombre sortit d'un massif et s'approcha des trois compagnons.

— Rien de nouveau? demanda Montbar.

— Si fait : un envoyé de Cadoudal.

— Celui qui est déjà venu?

— Oui.

— Où est-il ?

— Avec les frères, dans la grotte.

— Allons.

Montbar s'élança le premier; le sentier était devenu si étroit, que les quatre jeunes gens ne pouvaient marcher que l'un après l'autre.

Le chemin monta, pendant cinq cents pas à peu près, par une pente assez douce, mais tortueuse.

Arrivé à une clairière, Montbar s'arrêta et fit entendre trois fois ce même cri de la chouette qui avait indiqué sa présence à Morgan.

Un seul houhoulement de hibou lui répondit.

Puis, du milieu des branches d'un chêne touffu, un homme se laissa glisser à terre; c'était la sentinelle qui veillait à l'ouverture de la grotte.

Cette ouverture était à dix pas du chêne.

Par la disposition des massifs qui l'entouraient, il fallait être presque dessus pour l'apercevoir.

La sentinelle échangea quelques mots tout bas avec Montbar, qui semblait, en remplissant les devoirs d'un chef, vouloir laisser Morgan tout entier à ses pensées; puis, comme sa faction sans doute n'était point achevée, le bandit remonta dans les branches du chêne, et, au bout d'un instant, se trouva si bien ne faire qu'un avec le corps de l'arbre, que ceux à la vue desquels il venait d'échapper, le cherchaient vainement dans son bastion aérien.

Le défilé devenait plus étroit au fur et à mesure que l'on approchait de l'entrée de la grotte.

Montbar y pénétra le premier, et, d'un enfoncement où il savait les trouver, tira un briquet, une pierre à feu, de l'amadou, des allumettes et une torche.

L'étincelle jaillit, l'amadou prit feu, l'allumette répandit sa flamme bleuâtre et incertaine, à laquelle succéda la flamme pétillante et résineuse de la torche.

Trois ou quatre chemins se présentaient, Montbar en prit un sans hésiter.

Ce chemin tournait sur lui-même en s'enfonçant dans la terre; on eût dit que les jeunes gens reprenaient sous le sol la trace de leurs pas, et suivaient le contrepied de la route qui les avait amenés.

Il était évident que l'on parcourait les détours d'une ancienne carrière, peut-être celle d'où sortirent, il y a dix-neuf cents ans, les trois villes romaines qui ne sont plus aujourd'hui que des villages, et le camp de César qui les surmonte.

De place en place, le sentier souterrain que l'on suivait était coupé dans toute sa largeur par un large fossé, franchissable seulement à l'aide d'une planche, que l'on pouvait d'un coup de pied faire tomber au fond de la tranchée.

De place en place encore, on voyait des épaulements derrière lesquels on pouvait se retrancher et faire feu, sans exposer à la vue de l'ennemi aucune partie de son corps.

Enfin, à cinq cents pas de l'entrée à peu près, une barricade à hauteur d'homme offrait un dernier obstacle à ceux qui eussent voulu parvenir jusqu'à une espèce de rotonde où se tenaient, couchés ou assis, une dizaine d'hommes occupés, les uns à lire, les autres à jouer.

Aucun des lecteurs ni des joueurs ne se dérangea au bruit des pas des arrivants, ou à la vue de la lumière qui se jouait sur les parois de la carrière, tant ils étaient sûrs que des amis seuls pouvaient pénétrer jusqu'à eux, gardés comme ils l'étaient.

Au reste, l'aspect qu'offrait ce campement était des plus pittoresques; les bougies, qui brûlaient à profusion, — les compagnons de Jehu étaient trop aristocrates pour s'éclairer à une autre lumière que celle de la bougie, — se reflétaient sur des trophées d'armes de toute espèce, parmi lesquelles les fusils à deux coups et les pistolets tenaient le premier rang ; des fleurets et des masques d'armes étaient pendus dans les intervalles; quelques instruments de musique étaient posés çà et là ; enfin, une ou deux glaces dans leurs cadres dorés indiquaient que la toilette n'était pas un des passe-temps les moins appréciés des étranges habitants de cette demeure souterraine.

Tous paraissaient aussi tranquilles que si la nouvelle qui avait tiré Morgan des bras d'Amélie eût été inconnue, ou regardée comme sans importance.

Cependant, lorsqu'à l'approche du petit groupe venant du dehors, ces mots : « Le capitaine ! le capitaine ! » se furent fait entendre, tous se levèrent, non pas avec la servilité de soldats qui voient venir leur chef, mais avec la déférence affectueuse de gens intelligents et forts pour un plus fort et plus intelligent qu'eux.

Morgan, alors, secoua la tête, releva le front, et, passant devant Montbar, pénétra au centre du cercle qui s'était formé à sa vue.

— Eh bien, amis, demanda-t-il, il paraît qu'il y a des nouvelles ?

— Oui, capitaine, dit une voix ; on assure que la police du premier consul nous fait l'honneur de s'occuper de nous.

— Où est le messager? demanda Morgan.

— Me voici, dit un jeune homme vêtu de l'uniforme des courriers de cabinet, et tout couvert encore de poussière et de boue.

— Avez-vous des dépêches?

— Écrites, non; verbales, oui.

— D'où viennent-elles?

— Du cabinet particulier du ministre.

— Alors, on peut y croire?

— Je vous en réponds; c'est tout ce qu'il y a de plus officiel.

— Il est bon d'avoir des amis partout, fit Montbar en manière de parenthèse.

— Et surtout près de M. Fouché, reprit Morgan ; voyons les nouvelles.

— Dois-je les dire tout haut, ou à vous seul ?

— Comme je présume qu'elles nous intéressent tous, dites-nous-les tout haut.

— Eh bien, le premier consul a fait venir le citoyen Fouché au palais du Luxembourg, et lui a lavé la tête à notre endroit.

— Bon ! Après ?

— Le citoyen Fouché a répondu que nous étions des drôles fort adroits, fort difficiles à joindre, plus difficiles encore à prendre quand on nous avait rejoints. Bref, il a fait le plus grand éloge de nous.

— C'est bien aimable à lui. Après?

— Après, le premier consul a répondu que cela ne le regardait pas, que nous étions des brigands, et que c'étaient nous qui, avec nos brigandages, soutenions la guerre de la Vendée; que le jour où nous ne ferions plus passer d'argent en Bretagne, il n'y aurait plus de chouannerie.

— Cela me paraît admirablement raisonné.

— Que c'était dans l'Est et dans le Midi qu'il fallait frapper l'Ouest.

— Comme l'Angleterre dans l'Inde.

— Qu'en conséquence, il donnait carte blanche au citoyen Fouché, et que, dût-il dépenser un million et faire tuer cinq cents hommes, il lui fallait nos têtes.

— Eh bien, mais il sait à qui il les demande; reste à savoir si nous les laisserons prendre.

— Alors, le citoyen Fouché est rentré furieux, et il a déclaré qu'il fallait qu'avant huit jours il n'existât plus en France un seul compagnon de Jehu.

— Le délai est court.

— Le même jour, des courriers sont partis pour Lyon, pour Macon, pour Lons-le-Saulnier, pour Besançon et pour Genève, avec ordre aux chefs des garnisons de faire personnellement tout ce qu'ils pourraient pour arriver à notre destruction, mais, en outre, d'obéir sans réplique à M. de Montrevel, aide-de-camp du premier consul, et de mettre à sa disposition, pour en user comme bon lui semblerait, toutes les troupes dont il pourrait avoir besoin.

— Et je puis ajouter ceci, dit Morgan, que M. Roland de Montrevel est déjà en campagne; hier, il a eu, à la prison de Bourg, une conférence avec le capitaine de gendarmerie.

— Sait-on dans quel but? demanda une voix.

— Pardieu! dit une autre, pour y retenir nos logements.

— Maintenant, le sauvegarderas-tu toujours? demanda d'Assas.

— Plus que jamais.

— Ah! c'est trop fort, murmura une voix.

— Pourquoi cela? répliqua Morgan d'un ton impérieux; n'est-ce pas mon droit de simple compagnon?

— Certainement, dirent deux autres voix.

— Eh bien, j'en use, et comme simple compagnon, et comme votre capitaine.

— Si cependant au milieu de la mêlée, une balle s'égare! dit une voix.

— Alors, ce n'est pas un droit que je réclame, ce n'est pas un ordre que je donne, c'est une prière que je fais ; mes amis, promettez-moi, sur l'honneur, que la vie de Roland de Montrevel vous sera sacrée.

D'une voix unanime, tous ceux qui étaient là répondirent en étendant la main :

— Sur l'honneur, nous le jurons!

— Maintenant, reprit Morgan, il s'agit d'envisager notre position sous son véritable point de vue, de ne pas nous faire d'illusions ; le jour où une police intelligente se mettra à notre poursuite et nous fera véritablement la guerre, il est impossible que nous résistions : nous ruserons comme le renard, nous nous retournerons comme le sanglier, mais notre résistance sera une affaire de temps, et voilà tout : c'est mon avis du moins.

Morgan interrogea des yeux ses compagnons, et l'adhésion fut unanime : seulement c'était le sourire sur les lèvres qu'ils reconnaissaient que leur perte était assurée.

Il en était ainsi à cette étrange époque : on recevait la mort sans crainte, comme on la donnait sans émotion.

— Et maintenant, demanda Montbar, n'as-tu rien à ajouter?

— Si fait, dit Morgan ; j'ai à ajouter que rien n'est plus facile que de nous procurer des chevaux ou même de partir à pied : nous sommes tous chasseurs et plus ou moins montagnards. A cheval, il nous faut six heures pour être hors de France ; à pied, il nous en faut douze ; une fois en Suisse, nous faisons la nique au citoyen Fouché et à sa police : voilà ce que j'avais à ajouter.

— C'est bien amusant de se moquer du citoyen Fouché, dit Adler, mais c'est bien ennuyeux de quitter la France.

— Aussi ne mettrai-je aux voix ce parti

extrême qu'après que nous aurons entendu le messager de Cadoudal.

— Ah! c'est vrai, dirent deux ou trois voix, le Breton! où donc est le Breton?

— Il dormait quand je suis parti, dit Montbar.

— Et il dort encore, dit Adler en désignant du doigt un homme couché sur un lit de paille dans un renfoncement de la grotte.

On réveilla le Breton, qui se dressa sur ses genoux en se frottant les yeux d'une main et en cherchant par habitude sa carabine de l'autre.

— Vous êtes avec des amis, dit une voix, n'ayez donc pas peur.

— Peur! dit le Breton ; qui donc suppose là-bas que je puisse avoir peur?

— Quelqu'un qui probablement ne sait pas ce que c'est, mon cher Branche-d'Or, dit Morgan (car il reconnaissait le messager de Cadoudal pour celui qui était déjà venu et qu'on avait reçu dans la chartreuse pendant la nuit où lui-même était arrivé à Avignon), et au nom duquel je vous fais des excuses.

Branche-d'Or regarda le groupe de jeunes gens devant lequel il se trouvait, d'un air qui ne laissait pas de doute sur la répugnance avec laquelle il acceptait un certain genre de plaisanteries ; mais, comme ce groupe n'avait rien d'offensif et qu'il était évident que sa gaîté n'était point de la raillerie, il demanda d'un air assez gracieux :

— Lequel de vous tous, messieurs, est le chef? J'ai à lui remettre une lettre de la part de mon général.

Morgan fit un pas en avant.

— C'est moi, dit-il.

— Votre nom ?

— J'en ai deux.

— Votre nom de guerre ?

— Morgan.

— Oui, c'est bien celui-là que le général a dit; d'ailleurs, je vous reconnais; c'est vous qui, le soir où j'ai été reçu par des moines, m'avez remis un sac de soixante mille francs : alors, j'ai une lettre pour vous.

— Donne.

Le paysan prit son chapeau, en arracha la coiffe, et, entre la coiffe et le feutre, prit un morceau de papier qui avait l'air d'une double coiffe et qui semblait blanc au premier abord.

Puis, avec le salut militaire, il présenta le papier à Morgan.

Celui-ci commença par le tourner et le

retourner ; voyant que rien n'y était écrit, ostensiblement du moins :

— Une bougie, dit-il.

On approcha une bougie ; Morgan exposa le papier à la flamme.

Peu à peu le papier se couvrit de caractères, et à la chaleur l'écriture parut.

Cette expérience paraissait familière aux jeunes gens ; le Breton seul la regardait avec une certaine surprise.

Pour cet esprit naïf, il pouvait bien y avoir, dans cette opération, une certaine magie ; mais, du moment où le diable servait la cause royaliste, le chouan n'était pas loin de pactiser avec le diable.

— Messieurs, dit Morgan, voulez-vous savoir ce que nous dit le maître?

Tous s'inclinèrent, écoutant.

Le jeune homme lut :

« Mon cher Morgan,

» Si l'on vous disait que j'ai abandonné la cause et traité avec le gouvernement du premier consul en même temps que les chefs vendéens, n'en croyez pas un mot; je suis de la Bretagne bretonnante, et, par conséquent, entêté comme un vrai Breton. Le premier consul a envoyé un de ses aides-de-camp m'offrir amnistie entière pour mes hommes, et pour moi le grade de colonel ; je n'ai pas même consulté mes hommes, et j'ai refusé pour eux et pour moi.

» Maintenant, tout dépend de vous : comme nous ne recevons des princes ni argent ni encouragement, vous êtes notre seul trésorier ; fermez-nous votre caisse, ou plutôt cessez de nous ouvrir celle du gouvernement, et l'opposition royaliste, dont le cœur ne bat plus qu'en Bretagne, se ralentit peu à peu et finit par s'éteindre tout à fait.

» Je n'ai pas besoin de vous dire que, lorsqu'il se sera éteint, c'est que le mien aura cessé de battre.

» Notre mission est dangereuse ; il est probable que nous y laisserons notre tête ;

mais ne trouvez-vous pas qu'il sera beau pour nous d'entendre dire après nous, si l'on entend encore quelque chose au-delà de la tombe : « Tous avaient désespéré, » eux ne désespérèrent pas! »

» L'un de nous deux survivra à l'autre, mais pour succomber à son tour ; que celui-là dise en mourant : *Etiamsi omnes, ego non.*

Comptez sur moi comme je compte sur vous.

» Georges Cadoudal.

» P. S. Vous savez que vous pouvez remettre à Branche-d'Or tout ce vous avez d'argent pour la cause; il m'a promis de ne pas se laisser prendre, et je me fie à sa parole. »

Un murmure d'enthousiasme s'éleva parmi les jeunes gens lorsque Morgan eut achevé les derniers mots de cette lettre.

— Vous avez entendu, messieurs ? dit-il.

— Oui, oui, oui, répétèrent toutes les voix.

— D'abord, quelle somme avons-nous à remettre à Branche-d'Or ?

— Treize mille francs du lac de Silans, vingt-deux mille des Carronnières, quatorze mille de Meximieux ; en tout, quarante-neuf mille, dit Adler.

— Vous entendez, mon cher Branche-d'Or? dit Morgan ; ce n'est pas grand'chose, et nous sommes de moitié plus pauvres que la dernière fois ; mais vous connaissez le proverbe : « La plus belle fille du monde ne peut donner que ce qu'elle a. »

— Le général sait ce que vous risquez pour conquérir cet argent, et il a dit que, si peu que vous puissiez lui envoyer, il le recevrait avec reconnaissance.

— D'autant plus que le prochain envoi sera meilleur, dit la voix d'un jeune homme qui venait de se mêler au groupe sans être vu, tant l'attention s'était concentrée sur la lettre de Cadoudal et sur celui qui la lisait, surtout si nous voulons dire deux mots à la malle de Chambéry samedi prochain.

— Ah! c'est toi, Valensolle, dit Morgan.

— Pas de noms propres, s'il te plaît, baron ; faisons-nous fusiller, guillotiner, rouer, écarteler, mais sauvons l'honneur de la famille. Je m'appelle Adler et ne réponds pas à d'autre nom.

— Pardon, j'ai tort ; tu disais donc?...

— Que la malle de Paris à Chambéry passerait samedi entre la Chapelle-de-

Guinchay et Belleville, portant cinquante mille francs du gouvernement aux religieux du Mont-Saint-Bernard, ce à quoi j'ajoutais qu'il y avait entre ces deux localités un endroit nommé la Maison-Blanche, lequel me paraît admirable pour tendre une embuscade.

— Qu'en dites-vous, messieurs? demanda Morgan; faisons-nous l'honneur au citoyen Fouché de nous inquiéter de sa police? Partons-nous? quittons-nous la France? ou bien restons-nous les fidèles compagnons de Jéhu?

Il n'y eut qu'un cri :

— Restons!

— Ah! la bonne heure! fit Morgan; je

vous reconnais là, frères ; Cadoudal nous a tracé notre route dans l'admirable lettre que nous venons de recevoir de lui ; adoptons donc son héroïque devise : *Etiam omnes, ego non.*

Alors, s'adressant au paysan breton :

— Branche-d'Or, lui dit-il, les quarante-neuf mille francs sont à ta disposition ; pars quand tu voudras ; promets en notre nom quelque chose de mieux pour la prochaine fois, et dis au général de ma part que, partout où il ira, même à l'échafaud, je me ferai un honneur de le suivre ou de le précéder ; au revoir, Branche-d'Or.

Puis se retournant vers le jeune homme

qui avait paru si fort désirer que l'on respectât son incognito :

— Mon cher Adler, lui dit-il en homme qui a retrouvé sa gaîté un instant absente, c'est moi qui me charge de vous nourrir et de vous coucher cette nuit, si toutefois vous daignez m'accepter pour votre hôte.

— Avec reconnaissance, ami Morgan, répondit le nouvel arrivant: seulement, je te préviens que je m'accommoderai de tous les lits, attendu que je tombe de fatigue ; mais pas de tous les soupers, attendu que je meurs de faim.

— Tu auras un bon lit et un souper excellent.

— Que faut-il faire pour cela?

— Me suivre.

— Je suis prêt.

— Alors, viens. Bonne nuit, messieurs ! C'est toi qui veilles, Monthar?

— Oui.

— En ce cas, nous pouvons dormir tranquilles.

Sur quoi, Morgan passa un de ses bras sous le bras de son ami, prit de l'autre main une torche qu'on lui présentait, et s'avança dans les profondeurs de la grotte, où nous allons le suivre, si le lecteur n'est pas trop fatigué de cette longue séance.

C'était la première fois que Valensolle, qui était, ainsi que nous l'avons vu, des environs d'Aix, avait l'occasion de visiter la grotte de Ceyzeriat, tout récemment adoptée par les compagnons de Jéhu pour lieu de refuge. Dans les réunions précédentes, il avait eu l'occasion seulement d'explorer les tours et les détours de la chartreuse de Seillon, qu'il avait fini par connaître assez intimement pour que, dans la comédie jouée devant Roland, on lui confiât le rôle de fantôme.

Tout était donc curieux et inconnu pour lui dans le nouveau domicile où il allait faire son premier somme, et qui paraissait être, pour quelques jours du moins, le quartier-général de Morgan.

Comme il en est de toutes les carrières abandonnées, et qui ressemblent au premier abord à une cité souterraine, les différentes rues creusées pour l'extraction de la pierre finissaient toujours par aboutir à un cul-de-sac, c'est-à-dire à ce point de la mine où le travail avait été interrompu.

Une seule de ces rues semblait se prolonger indéfiniment.

Cependant, arrivait un point où elle-même avait dû s'arrêter un jour; mais, vers l'angle de l'impasse avait été creusée,

— dans quel but? la chose est restée un mystère pour les gens du pays même, — une ouverture des deux tiers moins large que la galerie à laquelle elle aboutissait, et pouvant donner passage à deux hom- de front à peu près.

Les deux amis s'engagèrent dans cette ouverture.

L'air y devenait si rare, que leur tor- che, à chaque pas, menaçait de s'é- teindre.

Valensolle sentit des gouttes d'eau gla- cée tomber sur ses épaules et sur ses mains.

— Tiens! dit-il, il pleut ici.

— Non, répondit Morgan en riant; seulement, nous passons sous la Reissousse.

— Alors, nous allons à Bourg?

— A peu près.

— Soit; tu me conduis, tu me promets à souper et à coucher; je n'ai à m'inquiéter de rien, que de voir s'éteindre notre lampe cependant... ajouta le jeune homme en suivant des yeux la lumière pâlissante de la torche.

— Et ce ne serait pas bien inquiétant, attendu que nous nous retrouverions toujours.

— Enfin! dit Valensolle, et quand on

pense que c'est pour des princes qui ne savent pas même notre nom, et qui, s'ils le savaient un jour, l'auraient oublié le lendemain du jour où ils l'auraient su, qu'à trois heures du matin, nous nous promenons dans une grotte, que nous passons sous des rivières, et que nous allons coucher je ne sais où, avec la perspective d'être pris, jugés et guillotinés un beau matin; sais-tu que c'est stupide, Morgan ?

— Mon cher, répondit Morgan, ce qui passe pour stupide, et ce qui n'est pas compris du vulgaire en pareil cas, a bien des chances pour être sublime.

— Allons, dit Valensolle, je vois que tu perds encore plus que moi au métier que nous faisons ; je n'y mets que du dévouement et tu y mets de l'enthousiasme.

Morgan poussa un soupir.

— Nous sommes arrivés, dit-il laissant tomber la conversation comme un fardeau qui lui pesait à porter plus longtemps.

En effet, il venait de heurter du pied les premières marches d'un escalier.

Morgan, éclairant et précédant Valensolle, monta dix degrés et rencontra une grille.

Au moyen d'une clé qu'il tira de sa poche, la grille fut ouverte.

On se trouva dans un caveau funéraire.

Aux deux côtés du caveau, deux cercueils étaient soutenus par des trépieds de fer; des couronnes ducales et l'écusson d'azur à la croix d'argent indiquaient que ces cercueils devaient renfermer des membres de la famille de Savoie avant que cette famille portât la couronne royale.

Un escalier apparaissait dans la profondeur du caveau, conduisant à un étage supérieur.

Valensolle jeta un regard curieux autour de lui, et, à la lueur vacillante de la torche, reconnut la localité funèbre dans laquelle il se trouvait.

— Diable! fit-il, nous sommes, à ce qu'il paraît, tout le contraire des Spartiates.

— En ce qu'ils étaient républicains et

que nous sommes royalistes? demanda Morgan.

— Non : en ce qu'ils faisaient venir un squelette à la fin de leurs repas, tandis que nous, c'est au commencement.

— Es-tu bien sûr que ce soient les Spartiates qui donnassent cette preuve de philosophie? demanda Morgan en refermant la porte.

— Eux ou d'autres, peu m'importe, dit Valensolle ; par ma foi, ma citation est faite ; l'abbé Vertot ne recommençait pas son siége, je ne recommencerai pas ma citation.

— Eh bien, une autre fois, tu diras les Égyptiens.

— Bon! fit Valensolle avec une insoûciance qui ne manquait pas d'une certaine mélancolie, je serai probablement un squelette moi-même avant d'avoir l'occasion de montrer mon érudition une seconde fois. Mais que diable fais-tu donc? et pourquoi éteins-tu la torche? Tu ne vas pas me faire souper et coucher ici, j'espère bien?

En effet, Morgan venait d'éteindre sa torche sur la première marche de l'escalier qui conduisait à l'étage supérieur.

—Donne-moi la main, répondit le jeune homme.

Valensolle saisit la main de son ami avec un empressement qui témoignait d'un médiocre désir de faire, au milieu des ténèbres, un long séjour dans le caveau des ducs de Savoie, quelque honneur qu'il y eût pour un vivant à frayer avec de si illustres morts.

Morgan monta les degrés.

Puis il parut au roidissement de sa main qu'il faisait un effort.

En effet, une dalle se souleva, et, par l'ouverture, une lueur crépusculaire tremblota aux yeux de Valensolle, tandis qu'une odeur aromatique, succédant à l'atmosphère méphitique du caveau, vint réjouir son odorat.

— Ah! dit-il, par ma foi, nous sommes dans une grange, j'aime mieux cela.

Morgan ne répondit rien; il aida son

compagnon à sortir du caveau, et laissa retomber la dalle.

Valensolle regarda tout autour de lui : il était au centre d'un vaste bâtiment rempli de foin, et dans lequel la lumière pénétrait par des fenêtres si admirablement découpées, que ce ne pouvaient être celles d'une grange.

— Mais, dit Valensolle, nous ne sommes pas dans une grange?

— Grimpe sur ce foin et va t'asseoir près de cette fenêtre, répondit Morgan.

Valensolle obéit, grimpa sur le foin comme un écolier en vacances et alla, ainsi que le lui avait dit Morgan, s'asseoir près de la fenêtre.

Un instant après, Morgan déposa entre les jambes de son ami une serviette contenant un pâté, du pain, une bouteille de vin, deux verres, deux couteaux et des fourchettes.

—Peste ! dit Valensolle, Lucullus soupe chez Lucullus.

Puis, plongeant son regard à travers les vitraux sur un bâtiment percé d'une quantité de fenêtres, qui semblait une aile de celui où les deux amis se trouvaient, et devant lequel se promenait un factionnaire.

— Décidément, fit-il, je souperai mal si je ne sais pas où nous sommes; quel est ce bâtiment? et pourquoi ce factionnaire se promène-t-il devant la porte?

— Eh bien, dit Morgan, puisque tu le veux absolument, je vais te le dire : nous sommes dans l'église de Brou, qu'un arrêté du conseil municipal a convertie en magasin à fourrage. Ce bâtiment auquel nous touchons, c'est la caserne de la gendarmerie, et ce factionnaire, c'est la sentinelle chargée d'empêcher qu'on ne nous dérange pendant notre souper, ou qu'on ne nous surprenne pendant notre sommeil.

— Braves gendarmes, dit Valensolle en remplissant son verre. A leur santé, Morgan !

— Et à la nôtre ! dit le jeune homme en riant ; le diable m'étrangle si l'on a l'idée de venir nous chercher ici.

A peine Morgan eut-il vidé son verre, que, comme si le diable eût accepté le défi qui lui était porté, on entendit la voix stridente de la sentinelle qui criait : « Qui vive? »

— Eh! firent les deux jeunes gens, que veut dire cela?

En effet, une troupe d'une trentaine d'hommes venait du côté de Pont-d'Ain, et, après avoir échangé le mot d'ordre avec la sentinelle, se fractionna : une partie, la plus considérable, conduite par deux hommes qui semblaient des officiers, rentra dans la caserne ; l'autre poursuivit son chemin.

— Attention! fit Morgan.

Et tous deux sur leurs genoux, l'oreille

au guet, l'œil collé contre la vitre, attendirent.

Expliquons au lecteur ce qui causait une interruption dans un repas qui, pour être pris à trois heures du matin, n'en était pas, comme on le voit, plus tranquille.

II

Buisson creux.

La fille du concierge ne s'était point trompée : c'était bien Roland qu'elle avait vu parler dans la geôle au capitaine de gendarmerie.

De son côté, Amélie n'avait pas tort de craindre ; car c'était bien sur les traces de Morgan qu'il était lâché.

S'il ne s'était point présenté au château des Noires-Fontaines, ce n'était pas qu'il eût le moindre soupçon de l'intérêt que sa sœur portait au chef des compagnons de Jehu ; mais il se défiait d'une indiscrétion d'un des domestiques.

Il avait bien reconnu Charlotte chez son père ; mais, celle-ci n'ayant manifesté aucun étonnement, il croyait n'avoir pas été reconnu par elle ; d'autant plus qu'après avoir échangé quelques mots avec le maréchal-des-logis, il était allé attendre ce dernier sur la place du Bastion, fort déserte à une pareille heure.

Son écrou terminé, le capitaine de gendarmerie était allé le rejoindre.

Il avait trouvé Roland se promenant de long en large et l'attendant impatiemment.

Chez le concierge, Roland s'était contenté de se faire reconnaître ; là, il pouvait entrer en matière.

Il initia, en conséquence, le capitaine de gendarmerie au but de son voyage.

De même que, dans les assemblées publiques, on demande la parole pour un fait personnel et on l'obtient sans contestation, Roland avait demandé au premier consul, et cela pour un fait personnel, que la poursuite des compagnons de Jéhu lui fût confiée ; et il avait obtenu cette faveur sans difficulté.

Un ordre du ministre de la guerre mettait à sa disposition les garnisons, non-seulement de Bourg, mais encore des villes environnantes.

Un ordre du ministre de la police enjoignait à tous les officiers de gendarmerie de lui prêter main-forte.

Il avait pensé naturellement, et avant tout, à s'adresser au capitaine de la gendarmerie de Bourg, qu'il connaissait de longue date, et qu'il savait être un homme de courage et d'exécution.

Il avait trouvé ce qu'il cherchait : le capitaine de gendarmerie de Bourg avait la tête horriblement montée contre les compagnons de Jehu, qui arrêtaient les diligences à un quart de lieue de la ville, et sur lesquels il ne pouvait point arriver à mettre la main.

Il connaissait les rapports envoyés sur les trois dernières arrestations au ministre de la police, et il comprenait la mauvaise humeur de celui-ci.

Mais Roland porta le comble à son étonnement en lui racontant ce qui lui était arrivé, dans la chartreuse de Seillon, la nuit où il avait veillé, et surtout ce qui était arrivé, dans la même chartreuse, à sir John pendant la nuit suivante.

Le capitaine avait bien su par la rumeur publique que l'hôte de madame de Montrevel avait reçu un coup de poignard ; mais, comme personne n'avait porté plainte, il ne s'était pas cru le droit de percer l'obscurité dans laquelle il lui semblait que Roland voulait laisser l'affaire ensevelie.

A cette époque de trouble, la force armée avait des indulgences qu'elle n'eût point eues en d'autres temps.

Quant à Roland, il n'avait rien dit, désirant se réserver la satisfaction de poursuivre en temps et lieu les hôtes de la chartreuse, mystificateurs ou assassins.

Cette fois, il venait avec tous les moyens de mettre son dessein à exécution, et bien résolu à ne pas revenir près du premier consul sans l'avoir accompli.

D'ailleurs, c'était là une de ces aventures comme les cherchait Roland. N'y avait-il pas à la fois du danger et du pittoresque ?

N'était-ce point une occasion de jouer sa vie contre des gens qui, ne ménageant pas la leur, ne ménageraient probablement pas la sienne ?

Roland était loin d'attribuer à sa véritable cause, c'est-à-dire à la sauvegarde étendue sur lui par Morgan, le bonheur avec lequel il s'était tiré du danger, la nuit où il avait veillé dans la chartreuse et le jour où il avait combattu contre Cadoudal.

Comment supposer qu'une simple croix avait été faite au-dessus de son nom, et qu'à deux cent cinquante lieues de distance, ce signe de la rédemption l'avait protégé aux deux bouts de la France?

Au reste, la première chose à faire était d'envelopper la chartreuse de Seillon, et de la fouiller dans ses recoins les plus secrets; ce que Roland se croyait parfaitement en état de faire.

Seulement, la nuit était trop avancée pour que cette expédition pût avoir lieu avant la nuit prochaine.

En attendant, Roland se cacherait dans la caserne de gendarmerie et se tiendrait dans la chambre du capitaine, afin que personne ne soupçonnât à Bourg sa présence ni la cause qui l'amenait. Le lendemain, il guiderait l'expédition.

Dans la journée du lendemain, un des gendarmes, qui était tailleur, lui confectionnerait un costume complet de maréchal-des-logis.

Il passerait pour être attaché à la brigade de Lons-le-Saulnier, et, grâce à cet uniforme, il pourrait, sans être reconnu, diriger la perquisition dans la chartreuse.

Tout s'accomplit selon le plan convenu.

Vers une heure, Roland rentra dans la caserne avec le capitaine, monta à la chambre de ce dernier, s'y arrangea un lit de camp, et y dormit en homme qui vient de passer deux jours et deux nuits en chaise de poste.

Le lendemain, il prit patience en faisant pour l'instruction du maréchal-de-logis, un plan de la chartreuse de Seillon à l'aide duquel, même sans l'aide de Roland, le digne officier eût pu diriger l'expédition sans s'égarer d'un pas.

Comme le capitaine n'avait que dix-huit soldats sous ses ordres, que ce n'était point assez pour cerner complètement la chartreuse, ou plutôt pour en garder les deux issues et la fouiller intérieurement ; qu'il eût fallu deux ou trois jours pour compléter la brigade disséminée dans les environs et attendre un chiffre d'hommes nécessaire, le capitaine, par ordre de Roland, alla dans la journée mettre le colonel des dragons, dont le régiment était en garnison à Bourg, au courant de l'évènement, et lui demander douze hommes qui, avec les dix-huit du capitaine, feraient un total de trente.

Non-seulement le colonel accorda ces

douze hommes, mais encore, apprenant que l'expédition devait être dirigée par le chef de brigade Roland de Montrevel, aide-de-camp du premier consul, il déclara qu'il voulait, lui aussi, être de la partie, et qu'il conduirait ses douze hommes.

Roland accepta son concours, et il fut convenu que le colonel, — nous employons indifféremment le titre de colonel ou celui de chef de brigade qui désignait le même grade, — et il fut convenu, disons-nous que le colonel et douze dragons prendraient en passant Roland, le capitaine et leurs dix-huit gendarmes, la caserne de la gendarmerie se trouvant justement sur la route de la chartreuse de Seillon.

Le départ était fixé à onze heures.

A onze heures, heure militaires, c'est-à-dire à onze heures précises, le colonel des dragons et ses douze hommes ralliaient les gendarmes, et les deux troupes réunies en une seule, se mettaient en marche.

Roland, sous son costume de maréchal-des-logis de gendarmerie, s'était fait reconnaître de son collègue le colonel de dragons; mais, pour les dragons et les gendarmes, il était, comme la chose avait été convenue, un maréchal-des-logis détaché de la brigade de Lons-le-Saulnier.

Seulement, comme ils eussent pu s'étonner qu'un maréchal-des-logis étranger aux localités leur fût donné pour guide, on leur avait dit que, dans sa jeunesse, Roland avait été novice à Seillon, noviciat qui l'avait mis à même de reconnaître mieux que personne les détours les plus mystérieux de la chartreuse.

Le premier sentiment de ces braves militaires avait bien été de se trouver un peu humiliés d'être conduits par un ex-moine ; mais, au bout du compte, comme cet ex-moine portait le chapeau à trois cornes d'une façon assez coquette, comme son allure était celle d'un homme qui, en portant l'uniforme, semblait avoir complètement oublié qu'il eût autrefois porté la robe, ils avaient fini par prendre leur parti de cette humiliation, se réservant d'arrêter définitivement leur opinion sur le maréchal-des-logis d'après la façon dont il manierait le mousquet qu'il portait au bras, les pistolets qu'il portait à la ceinture, et le sabre qu'il portait au côté.

On se munit de torches, et l'on se mit en route dans le plus profond silence et en trois pelotons : l'un de huit hommes commandé par le capitaine de gendarmerie, l'autre de dix hommes commandé par le colonel, l'autre de douze commandé par Roland.

En sortant de la ville, on se sépara.

Le capitaine de gendarmerie, qui connaissait mieux les localités que le colonel de dragons, se chargea de garder la fenêtre de la Correrie donnant sur le bois de Seillon ; il avait avec lui huit gendarmes.

Le colonel de dragons fut chargé par Roland de garder la grande porte d'entrée de la chartreuse. Il avait avec lui cinq dragons et cinq gendarmes.

Roland se chargea de fouiller l'intérieur ; il avait avec lui cinq gendarmes et sept dragons.

On donna une demi-heure à chacun pour être à son poste. C'était plus qu'il ne fallait.

A onze heures et demie sonnant à l'église de Péronnaz, Roland et ses hommes devaient escalader le mur du verger.

Le capitaine de gendarmerie suivit la route de Pont-d'Ain jusqu'à la lisière de la forêt, gagna le poste qui lui était indiqué.

Le colonel de dragons prit le chemin de traverse qui s'embranche sur la route de Pont-d'Ain et qui mène à la grande porte de la chartreuse.

Enfin, Roland prit à travers terres, et gagna le mur du verger qu'en d'autres circonstances il avait, on se le rappelle, déjà escaladé deux fois.

A onze heures et demie sonnantes, il donna le signal et escalada le mur du verger; gendarmes et dragons le suivirent. Arrivés de l'autre côté du mur, ils ne savaient pas encore si Roland était brave, mais ils savaient qu'il était leste.

Roland leur montra dans l'obscurité la porte sur laquelle ils devaient se diriger; c'était celle qui donnait du verger dans le cloître.

Puis il s'élança le premier à travers les hautes herbes, le premier poussa la porte, le premier se trouva dans le cloître.

Tout était obscur, muet, solitaire.

Roland, servant toujours de guide à ses hommes, gagna le réfectoire.

Partout la solitude, partout le silence.

Il s'engagea sous la voûte oblique, et se retrouva dans le jardin sans avoir effarouché d'autres êtres vivants que les chats-huants et les chauves-souris.

Restait à visiter la citerne, le caveau mortuaire et le pavillon ou plutôt la chapelle de la forêt.

Roland traversa l'espace vide qui le séparait de la citerne. Arrivé au bas des degrés, il alluma trois torches, en garda une et remit les deux autres, l'une aux mains d'un dragon, l'autre aux mains d'un gendarme, puis il souleva la pierre qui masquait l'escalier.

Les gendarmes qui suivaient Roland

commençaient à croire qu'il était aussi brave que leste.

On franchit le couloir souterrain et l'on rencontra la première grille ; elle était poussée, mais non fermée.

On entra dans le caveau funèbre.

Là, c'était plus que la solitude, plus que le silence : c'était la mort.

Les plus braves sentirent un frisson passer dans la racine de leurs cheveux.

Roland alla de tombe en tombe, sondant les sépulcres avec la crosse du pistolet qu'il tenait à la main.

Tout resta muet.

On traversa le caveau funèbre, on rencontra la seconde grille, on pénétra dans la chapelle.

Même silence, même solitude : tout était

abandonné, et, on eût pu le croire, depuis des années.

Roland alla droit au chœur ; il retrouva le sang sur les dalles : personne n'avait pris la peine de l'effacer.

Là, on était à bout de recherches et il fallait désespérer.

Roland ne pouvait se décider à la retraite.

Il pensa que peut-être n'avait-il pas été attaqué à cause de sa nombreuse escorte; il laissa dix hommes et une torche dans la chapelle, les chargea de se mettre, par la fenêtre ruinée, en communication avec le capitaine de gendarmerie embusqué dans la forêt, à quelques pas de cette fenêtre, et, avec deux hommes, revint sur ses pas.

Cette fois, les deux hommes qui suivaient Roland le trouvaient plus que brave, ils le trouvaient téméraire.

Mais Roland, ne s'inqiétant pas même s'il était suivi, reprit sa propre piste, à défaut de celle des bandits.

Les deux hommes eurent honte et le suivirent.

Décidément, la chartreuse était abandonnée.

Arrivé devant la grande porte, Roland appela le colonel des dragons ; le colonel et ses dix hommes étaient à leur poste.

Roland ouvrit la porte et fit sa jonction avec eux.

Ils n'avaient rien vu, rien entendu.

Ils rentrèrent tous ensemble, refermant et barricadant la porte derrière eux pour couper la retraite aux bandits, s'ils avaient le bonheur d'en rencontrer.

Puis ils allèrent rejoindre leurs compagnons qui, de leur côté, avaient rallié le capitaine de gendarmerie et ses huit hommes.

Tout cela attendait dans le chœur.

Il fallait se décider à la retraite : deux heures du matin venaient de sonner ; depuis près de trois heures on était en quête sans avoir rien trouvé.

Roland, réhabilité dans l'esprit des gendarmes et des dragons, qui trouvaient que l'ex-novice ne boudait pas, donna, à son grand regret, le signal de la retraite en ouvrant la porte de la chapelle qui donnait sur la forêt.

Cette fois, comme on n'espérait plus

rencontrer personne, Roland se contenta de la fermer derrière lui.

Puis, au pas accéléré, la petite troupe reprit le chemin de Bourg.

Le capitaine de gendarmerie, ses dix-huit hommes et Roland rentrèrent à leur caserne, après s'être fait reconnaître de la sentinelle.

Le colonel de dragons et ses douze hommes continuèrent leur chemin et rentrèrent dans la ville.

C'était ce cri de la sentinelle qui avait attiré l'attention de Morgan et de Valensolle ; c'était la rentrée de ces dix-huit hommes à la caserne qui avait interrompu leur repas ; c'était enfin cette circonstance imprévue qui avait fait dire à Morgan :

« Attention ! »

En effet, dans la situation où se trouvaient les deux jeunes gens, tout méritait attention.

Aussi le repas fut-il interrompu, les mâchoires cessèrent-elles de fonctionner pour laisser les yeux et les oreilles remplir leur office dans toute son étendue.

On vit bientôt que les yeux seuls seraient occupés.

Chaque gendarme regagna sa chambre sans lumière; rien n'attira donc l'attention des deux jeunes gens sur les nombreuses fenêtres de la caserne, de sorte qu'elle put se concentrer sur un seul point.

Au milieu de toutes ces fenêtres obscures, deux s'illuminèrent; elles étaient placées en retour relativement au reste du bâtiment, et juste en face de celle où les deux amis prenaient leur repas.

Ces fenêtres étaient au premier étage ; mais, dans la position qu'ils occupaient, c'est-à-dire sur le faîte des bottes de fourrage, Morgan et Valensolle, non-seulement se trouvaient à la même hauteur qu'elles, mais encore plongeaient dessus.

Ces fenêtres étaient celles du capitaine de gendarmerie.

Soit insouciance du brave capitaine, soit pénurie de l'État, on avait oublié de garnir ces fenêtres de rideaux, de sorte que, grâce aux deux chandelles allumées par l'officier de gendarmerie pour faire honneur à son hôte, Morgan et Valensolle pouvaient voir tout ce qui se passait dans cette chambre.

Tout à coup Morgan saisit le bras de Valensolle et l'étreignit avec force.

— Bon! dit Valensolle, qu'y a-t-il encore de nouveau?

Roland venait de jeter son chapeau à trois cornes sur une chaise, et Morgan l'avait reconnu.

— Roland de Montrevel! dit-il, Roland sous l'uniforme d'un maréchal-des-logis de gendarmerie! Cette fois nous tenons sa piste, tandis qu'il cherche encore la nôtre. C'est à nous de ne pas la perdre.

— Que fais-tu? demanda Valensolle, sentant que son ami s'éloignait de lui.

— Je vais prévenir nos compagnons; toi, reste, et ne le perds pas de vue; il détache son sabre et dépose ses pistolets, il est probable qu'il passera la nuit dans la chambre du capitaine; demain, je le défie de prendre une route, quelle qu'elle soit, sans avoir l'un de nous sur ses talons.

Et Morgan, se laissant glisser sur la déclivité du fourrage, disparut aux yeux de son compagnon qui, accroupi comme un sphinx, ne perdait pas de vue Roland de Montrevel.

Un quart d'heure après, Morgan était de retour, et les fenêtres de l'officier de gendarmerie étaient, comme toutes les autres fenêtres de la caserne, rentrées dans l'obscurité.

— Eh bien? demanda Morgan.

— Eh bien, répondit Valensolle, la chose a fini de la façon la plus prosaïque du monde; ils se sont déshabillés, ont éteint les chandelles et se sont couchés, le capitaine dans son lit, et Roland sur un matelas; il est donc probable qu'à cette heure ils ronflent à qui mieux mieux.

— En ce cas, dit Morgan, bonne nuit à eux et à nous aussi.

Dix minutes après, ce souhait était exaucé, et les deux jeunes gens dormaient comme s'ils n'avaient pas eu le danger pour camarade de lit.

FIN DU CINQUIÈME VOLUME.

TABLE DES CHAPITRES.

QUATRIÈME PARTIE
(SUITE)

		Pages
Chap.	X. La diplomatie de Georges Cadoudal.	3
—	XI. Proposition de mariage.	75
—	XII. Sculpture et peinture.	103
—	XIII. L'ambassadeur	155
—	XIV. Les deux signaux.	207

CINQUIÈME PARTIE

Chap.	I. La grotte de Ceyzeriat.	247
—	II. Buisson creux	299

FIN DE LA TABLE.

Fontainebleau. — Imp. de E. Jacquin.

DERNIÈRES NOUVEAUTÉS D'ALEXANDRE DUMAS.

Meneur (le) de loups.	3 vol.
Compagnons (les) de Jehu.	7 vol.
Salvator le Commissionnaire	6 vol.
Mohicans (les) de Paris.	19 vol.
La Mecque et Médine.	6 vol.
Lièvre (le) de mon grand-père.	1 vol.
Grands Hommes en robe de chambre	
1. HENRI IV.	2 vol.
2. RICHELIEU	5 vol.
3. CÉSAR.	7 vol.
Madame du Deffand.	8 vol.
Journal de madame Giovanni.	4 vol.
Page (le) du Duc de Savoie.	8 vol.
Ingénue.	7 vol.
Comtesse (la) de Charny.	9 vol.
El Salteador.	3 vol.
Catherine Blum	2 vol.
Conscience.	5 vol.
Vie et Aventures de la princesse de Monaco.	6 vol.
Femme (la) au Collier de Velours.	2 vol.
Mille et un Fantômes (les).	2 vol.
Mariages (les) du Père Olifus.	5 vol.
Trou de l'Enfer (le).	4 vol.
Dieu dispose.	6 vol.
Drames (les) de la mer.	2 vol.
Un Gil Blas en Californie.	2 vol.
Histoire d'une Colombe.	2 vol.
Pasteur (le) d'Ashbourn.	8 vol.
Souvenirs de 1830 à 1842.	8 vol.
Une vie artiste.	2 vol.

Fontainebleau, imp. de E. JACQUIN.

www.ingramcontent.com/pod-product-compliance
Lightning Source LLC
Chambersburg PA
CBHW072006150426
43194CB00008B/1014